SECOND

PANÉGYRIQUE

DE

JEANNE D'ARC

PRONONCÉ DANS LA CATHÉDRALE DE SAINTE-CROIX

Le 8 Mai 1869

PAR Mgr L'ÉVÊQUE D'ORLÉANS

DE L'ACADÉMIE FRANÇAISE

ORLÉANS & PARIS

CHEZ LES PRINCIPAUX LIBRAIRES

—

1869

SECOND PANÉGYRIQUE

JEANNE D'ARC

ORLÉANS, IMPRIMERIE DE G. JACOB, CLOÎTRE SAINT-ÉTIENNE, 4.

SECOND

PANÉGYRIQUE

DE

JEANNE D'ARC

PRONONCÉ DANS LA CATHÉDRALE DE SAINTE-CROIX

Le 8 Mai 1869

PAR Mgr L'ÉVÊQUE D'ORLÉANS

DE L'ACADÉMIE FRANÇAISE

ORLÉANS & PARIS

CHEZ LES PRINCIPAUX LIBRAIRES

—

1869

SECOND PANÉGYRIQUE

JEANNE D'ARC

—◦◇◦—

> *Benedicta es tu, filia, a Domino Deo
> excelso... quia non pepercisti animæ
> tuæ propter angustias et tribulationem
> generis tui, sed subvenisti ruinæ ante
> conspectum Dei nostri.*
>
> « O ma fille, vous êtes bénie du Dieu
> très-haut... parce que vous n'avez pas
> épargné votre vie dans l'angoisse et les
> tribulations de votre peuple ; mais vous
> l'avez sauvé de sa ruine, sous le regard
> de Dieu. »
>
> (*Judith*, XIII, 23 et 25.)

MESSEIGNEURS (1),
MESSIEURS,

Je viens donc encore une fois vous parler de Jeanne
d'Arc ; et, je le confesse, c'est avec bonheur.

Oui, il m'est doux de me retrouver avec elle devant
vous, dans cette fête séculaire de la Religion et de la
Patrie.

Je salue de nouveau avec joie cette sainte et géné-

---

(1) Nosseigneurs le cardinal-archevêque de Rouen, les archevêques
de Tours, de Bourges, les évêques de Beauvais, de Saint-Dié, de Poitiers, de Blois, de Troyes, de Châlons, de Verdun, de Nancy, de Cons-
tantine, et Mgr Lacarrière, ancien évêque de la Basse-Terre.

reuse fille, son image, sa bannière, et tous les souvenirs dé gloire et de vertu que son nom rappelle.

Depuis qu'une première fois je vous avais entretenus de notre immortelle libératrice, elle m'est demeurée profondément chère, et mon affection pour elle n'a fait que s'élever encore.

Oui, à mesure que j'avance dans ma course, la vie, comme un jour à son déclin, n'est plus illuminée pour moi que par deux ou trois rayons partis des horizons célestes, et ces rayons brillent au front de Jeanne d'Arc : je trouve en elle tout ce qui me touche, jusqu'à ce nom d'Orléans, qui est devenu le mien, depuis que Dieu m'a fait l'évêque de vos âmes ; j'aime la simplicité des champs dans son origine, la chasteté dans son cœur, sa vaillance dans les combats, son amour de la patrie française, mais surtout la sainteté dans sa vie et dans sa mort.

J'avais offert le tribut de mon ardente sympathie à sa pure et vaillante mémoire : aujourd'hui c'est l'hommage d'une tendre et religieuse vénération que je lui apporte.

Je salue la sainte en elle : avec l'héroïsme du courage, et plus haut encore, je veux saluer l'héroïsme des vertus.

Je dis la sainte, Messieurs : vous jugerez, je l'espère, après avoir entendu ce discours, que ce nom n'est pas trop grand pour elle ; et l'Église elle-même, à qui seule il appartient de déclarer authentiquement la sainteté, le décidera peut-être un jour pour nous.

Le fait irrécusable, c'est que Jeanne d'Arc a sauvé, avec Orléans, la France et son avenir.

Dans un premier discours, j'ai essayé de vous montrer, en cette mission de Jeanne, l'Inspiration, l'Action, la Souffrance, ces trois grandes choses qui se rencontrent ici-bas dans toutes les fortes entreprises pour la gloire de Dieu et le salut des peuples. Vous avez vu l'inspirée, l'héroïne, la martyre.

Aujourd'hui, après une étude plus attentive encore et plus profonde, je m'élèverai plus haut, et pénétrerai plus avant : mon dessein, Messieurs, est de vous révéler une Jeanne d'Arc que vous ne connaissez peut-être pas encore assez : la sainte dans la jeune fille, la sainte dans la guerrière et dans la suppliciée.

C'est sa personne, sa nature, son intelligence, son cœur, son âme tout entière et toute sa vertu, que je veux vous faire connaître.

Il n'est point ici-bas, Messieurs, de plus grande étude que celle des âmes. Laissons donc pour cette fois du moins tous ces pompeux récits de batailles et de triomphes, que le patriotisme, il est vrai, ne se lasse jamais d'entendre. Il y a, j'ose le dire, quelque chose de plus grand ici. Permettez-moi d'étudier avec vous aujourd'hui une âme extraordinaire, cette âme de jeune fille, cette âme de dix-sept ans ; car elle n'avait que dix-sept ans, lorsque, il y a 440 années, elle entrait le soir de ce jour dans cette cathédrale, Orléans et la France sauvées.

Toute louange, dit quelque part Bossuet, languit auprès des grands noms. Le panégyriste, aujourd'hui, disparaîtra complètement devant la sainte. Et, pour que vous ayez l'impression plus vraie de cette sainteté, c'est dans le récit le plus simple qu'elle va vous appa-

raître, et non pas derrière les phrases et l'art d'une élo-
quence dont il n'y a que faire ici.

Et ce récit, je le ferai d'après les documents, vous
le savez, Messieurs, les plus authentiques : d'une au-
thenticité telle, que si l'Église un jour voulait décerner
à cette mémoire les hommages qu'on rend aux saints,
les procès seraient à l'avance, sinon faits, du moins
parfaitement préparés; ils furent débattus contradic-
toirement, par les amis et les ennemis, tous contempo-
rains, et la plupart témoins ou acteurs dans ce grand
drame; et au second de ces procès, le procès de réhabilitation, l'Église elle-même, le Légat du Pape, présida.

Je suis heureux, Messeigneurs, et ému, de traiter un
tel sujet devant vous, devant de tels juges de ma parole. Au nom de cette immense et religieuse assemblée,
je vous rends grâces d'avoir bien voulu vous rendre
ici de tous les lieux où Jeanne a passé, et laissé d'elle,
de sa mission, de sa vertu, des traces ineffaçables :
votre présence ici, Messeigneurs, sous les voûtes de
cette sainte basilique, est un des hommages les plus
grands que Jeanne d'Arc ait jamais reçus, et notre
histoire en conservera le souvenir. Je salue aussi avec
émotion, près de vous, les chefs de notre glorieuse armée, les administrateurs dévoués de ce beau départe-
ment et de cette ville, et cette digne magistrature dont
Orléans s'honore, et toute la cité orléanaise elle-même,
présente ici dans ses plus nobles enfants, tous si fidèles
au culte de ce grand et impérissable souvenir : en un
mot, c'est, dans l'enthousiasme de tous les cœurs,
l'Église et la France que je rencontre ici, se donnant
la main devant la bannière de Jeanne d'Arc.

I.

Il y a quatorze ans, Messieurs, je regrettais de n'avoir pu faire le pèlerinage de Domrémy ; cette fois, je l'ai fait, et j'en arrive.

Oui, j'ai voulu visiter ce petit village, j'ai vu cette chaumière où naquit — c'était le 6 janvier 1412, en la fête de l'Épiphanie — cette pauvre enfant, qui devait sauver la France. J'ai prié, j'ai dit la sainte messe dans cette humble église où elle fut baptisée, à cet autel où elle pria tant de fois.

J'ai vu aussi, j'ai suivi ces bords charmants de la Meuse, où elle paissait les brebis de son père, depuis Neufchâteau jusqu'à cette petite ville de Vaucouleurs où sa mission s'imposa aux premières incrédulités de ses contradicteurs. J'ai vu ces coteaux, ces arbres près desquels elle jouait avec ses compagnes, ces fontaines où elle allait puiser de l'eau. J'ai cueilli quelques fleurs près du lieu où était la source des Groseilliers : ils y sont toujours. Je suis demeuré longtemps seul et pensif dans cette maison d'où, à travers les pauvres croisées, je voyais comme elle l'église et son clocher : c'est le même, et il avait salué son départ pour Orléans, comme il venait de saluer mon arrivée à Domrémy.

Je me la représentais là, cette sainte enfant ; et les premiers signes de ses vertus naissantes m'apparaissaient dans une perfection étonnante à cet âge, et dans une harmonie merveilleuse avec les dons naturels qu'elle avait reçus de Dieu, et avec la mission qui lui était destinée.

Combien j'étais ému en me rappelant ce qu'un prêtre qui habitait Domrémy de son temps a déposé dans un des procès : « C'était, dit-il, dès l'âge de dix ans, une bonne fille, aimant et craignant Dieu : nous la voyions souvent à l'église ; elle allait se mettre à genoux devant les Crucifix ; elle aimait à contempler l'image du Dieu mort pour les péchés des hommes, et aussi celle de la Vierge Marie, sa mère, et, se prosternant, les mains jointes sur son cœur, les regards fixés sur les saintes images, elle priait (1). »

La chaumière de ses parents touchant à l'église, elle profitait du voisinage pour aller tous les matins y faire ses prières ; puis, bénie de Dieu, elle s'en allait au travail, et le soir, quand la cloche sonnait les complies ou l'*Angelus*, elle s'arrêtait au milieu des champs, s'agenouillait, et récitait dévotement ses petites oraisons (2) ; et si le sonneur oubliait de sonner, au retour elle le lui reprochait doucement, c'est lui-même qui l'atteste,

(1) *A tempore quo habuit decem annos, erat bona filia, Deum timens... Dum erat in ecclesia, aliquotiens prona erat ante Crucifixum, et aliquando habebat manus junctas et fixas insimul, ac vultum et oculos erigendo ad Crucifixum aut ad beatam Mariam.* (QUICHERAT, t. II, p. 459) (Arnolin, prêtre.)

Je crois devoir citer les textes authentiques. Je les emprunte aux deux procès de Jeanne d'Arc, le procès de condamnation et le procès de réhabilitation, publiés au nom de la Société de l'Histoire de France, avec une érudition si savante et si sûre, par M. J. Quicherat (5 vol. in-8º.) — Je citerai aussi quelquefois la belle et savante histoire de Jeanne d'Arc, par M. Wallon, couronnée par l'Académie française.

(2) *Aliquotiens, dum pulsabantur completoriæ, stabat genibus flexis, et devote suas orationes dicebat.* (T. II, p. 393.)

et lui promettait des gâteaux pour qu'il ne l'oubliât plus (1).

C'était une de ses joies d'assister aux saints offices ; mais c'était surtout le saint sacrifice de la messe qui touchait son cœur. Elle y venait tous les jours de grand matin, à Domrémy, avant d'aller aux champs ; et elle eût voulu employer à faire dire des messes les petites économies de son enfance, si elle en avait eu (2).

Dans son premier voyage à Vaucouleurs, n'ayant plus à travailler autant que chez son père, bien qu'elle se plût à filer avec son hôtesse, « et filât très-bien, » elle entendait chaque matin plusieurs messes (3), et restait longtemps en prière dans une chapelle souterraine dont on voit encore les restes, que j'ai visités. C'est ainsi, Messieurs, que le grand esprit du Christianisme, l'esprit de prière, était déjà dans cette enfant.

Et voyez encore, Messieurs, cet autre trait caractéristique des saintes âmes : dans un rare esprit de péni-

(1) *Dum erat in campis et ipsa audiebat campanam pulsare, ipsa flectebat genua.* (Waterin, t. II, p. 120.) — *Dum ipse testis* (Pierre Drappier, marguillier de Domrémy) *non pulsabat, ipsa Johanna eumdem testem causabat et vituperabat, et ipsa promiserat eidem testi dare lunas (ou lanas), ad finem ut diligentiam haberet pulsandi completorias.* (T. II, p. 413.)

(2) *Dicebat etiam* (Étienne de Sionne) *quod si Johanna habuisset pecunias, suo curato dedisset ad missas celebrandas.* (T. II, p. 402.)

(3) *Libenter et bene nebat, et quia nevit in domo sua cum ipsa.* (T. II, p. 446.) — *Erat bona filia ; tunc nebat cum uxore sua, libenter ibat ad ecclesiam.* (Id., p. 448.) — *Audiebat missas matutinas et multum stabat in ea orando. Dixit etiam quod vidit eam in capsis, sive voltis, subtus dictam ecclesiam stare genibus flexis ante Beatam Mariam.* (Id., p. 461.)

tence joint à son extrême innocence de cœur, elle voulait purifier sans cesse sa conscience : dès ses plus jeunes années, elle se confessait fréquemment, d'abord au moins tous les mois, puis en carême tous les quinze jours ; à Neufchâteau, tous les huit jours ; et plus tard à l'armée, quand elle fut jetée dans le tumulte des camps, c'était deux fois par semaine (1).

En un mot, dit naïvement le curé lui-même qui a déposé dans son procès, elle n'avait « pas sa pareille au village ; » et un autre prêtre disait qu'il n'y avait jamais eu « meilleure fille dans la paroisse. » Les jeunes gens, qu'elle n'aimait pas à fréquenter, se moquaient d'elle quelquefois ; mais elle n'en tenait compte. Ses petites amies, même celles qu'elle aimait le plus, Mengette et Hauviette, qui pleura beaucoup quand elle partit de Domrémy, lui disaient qu'elle était trop dévote : ce qui lui faisait confusion, mais ne l'arrêtait pas (2).

Et cependant ce n'était pas une dévotion rêveuse et stérile, c'était une piété active et pratique, qui l'appliquait à tous ses devoirs : ces devoirs, c'étaient cette vie des champs et du ménage, si dure à la mollesse,

(1) *Pluries vidit eam confiteri* (Jeannette Thiesselin, sa marraine). — *Quasi quolibet mense confitebatur* (Nicolas Bailly). — *Ipse testis confessus est eam quatuor vicibus, videlicet per tres vices in unâ quadragesimâ, et per aliam in unâ solemnitate* (H. Arnolin, t. II, p. 404, 453, 459). — (Le F. Pasquerel, qui la suivit de Chinon jusqu'à Compiègne.)

(2) *Quod non erat sibi similis in dicta villa* (t. II, p. 402, Ét. de Sionne). — *Quod erat bona catholica, quodque nunquam meliorem ipsa viderat, nec in sua parochia habebat* (p. 434, Colin) ; — *et ipse et alii deridebant eam* (p. 420, J. Waterin) ; — *quod erat nimis devotu* (p. 430, Mengette, et 418, Hauviette) : *sæpe habebat verecundiam eo quod gentes dicebant sibi quod nimis devote ibat ad ecclesiam.*

si favorable aux fortes vertus, et par laquelle l'innocente enfant mortifiait son corps dans les travaux les plus rudes.

Lorsque j'ai mis le pied sur le seuil de sa maison, j'ai été frappé de la devise qu'on y lit encore gravée sur la porte : *Vive labeur!* Certes, ce fut bien la devise de Jeanne! Elle avait du cœur à l'ouvrage : tantôt, dit un de leurs voisins, elle restait à son rouet ou à son fuseau jusque bien avant dans la nuit, près de sa mère; tantôt elle allait à la charrue avec son père; elle promenait la herse dans le champ, elle sarclait, elle portait la nourriture aux bestiaux dans l'étable ou elle les menait aux prés, ou bien elle gardait à son tour les troupeaux sur les rives de la Meuse, dans les environs du village, aux pâturages communs (1).

Ainsi, Messieurs, la France a eu trois saintes bergères : au commencement de la monarchie, sainte Geneviève; hier, cette sainte Germaine que Pie IX plaçait sur les autels; entre les deux, Jeanne d'Arc.

Inutile de vous dire que sa piété se traduisait en charité, non moins qu'en travail. Elle avait un cœur

______

(1) *Utrum in juventute didicerit aliquam artem : dixit quod sic, ad suendum pannos lineos et nendum* (t. I, p. 51). — *Non erat remissa, laborabat libenter, nebat, ibat ad aratrum cum patre, tribulabat terram cum tribula, et alia domus necessaria faciebat; et aliquotiens animalia custodiebat* (p. 424); — *prout pluries de nocte eam, in domo loquentis cum quadam filia sua nere vidit* (t. II, p. 409 et 430); — *laborabat, nebat, sarclabat* (p. 422, 423, 427, 462); — *libenter operabatur et providebat nutrituram bestiarum; libenter gubernabat animalia domus patris, nebat et necessaria domus faciebat, ibat ad aratrum, tribulatum, et ad turnum animalia custodiebat* (p. 433; cf. p. 404, 410, 413, 415, 420, etc.).

excellent. Si peu d'argent qu'elle possédât, elle le donnait aux pauvres. Comme sa maison est sur le bord de la route, Jeannette Thevenin, une de ses compagnes, l'atteste, elle faisait arrêter chez elle les indigents et les voyageurs, allumait le feu pour eux à l'âtre de ses parents, et les faisait asseoir auprès, dans cette grande cheminée qui est toujours là ; et il lui arriva souvent, dit une autre de ses compagnes, Isabelle Gérardin, de leur céder son lit (1).

Je ne sais, Messieurs, si ces détails vous semblent trop simples ; pour moi, ils me charment. Ce sont, je l'avoue, d'humbles commencements, mais les commencements de si grandes choses ! Permettez-moi donc de les continuer :

N'est-il pas touchant aussi de la voir aller visiter les malades dans le village et les consoler ? *Consolabatur :* c'est le mot dont se servent deux vieillards de Domrémy, qu'elle avait soignés et veillés, qui avaient survécu, et qui furent témoins dans le procès de réhabilitation.

Elle était surtout franche et vraie, naïve même. Jamais on n'accusa sa sincérité au village, pas plus que sa vertu dans les camps. Tout le monde avait confiance à ce qu'elle disait : « Sans manque, *sinè defectu,* » voilà tout ce qu'il lui arrivait d'ajouter à sa parole. En un mot, c'était le plus doux, le plus sûr, le plus aimable caractère qu'on pût voir.

C'est ce qu'une amie de son enfance exprimait en

____

(1) T. II, p. 398, Jeannette Thevenin ; — *et faciebat hospitare pauperes, et volebat jacere in focario, et quod pauperes cubarent in suo lecto* (p. 427, Isabelle Gérardin). *Dum erat puer, ipse infirmabatur, et ipsa Johanna ei consolabatur* (p. 424, Musnier).

quatre mots d'une simplicité charmante : « Elle était bonne, simple, douce, bien rangée en toutes choses. » Aussi elle était chérie de tout le monde, et tous ceux qui ont déposé sur son enfance, prêtres, paysans, compagnes de son âge, se servent unanimement de ce mot que j'aime à vous redire dans sa naïveté : « C'était une bonne fille (1) ! »

Sa piété, du reste, ne l'empêchait pas de se mêler aux jeux de ses compagnes ; mais jusque dans ses jeux l'attrait de la grâce et l'esprit de religion ne l'abandonnaient pas.

Tout près de Domrémy étaient deux pèlerinages de la Sainte-Vierge : Notre-Dame de Bermont, sur le penchant de l'un des coteaux qui descendent vers la Meuse, et Notre-Dame de Domrémy. Elle allait le samedi à Notre-Dame de Bermont avec sa mère et les femmes du village, et y brûlait des cierges (2) ; le dimanche et les jours de fête, entre les offices, elle allait à Notre-Dame de Domrémy..... J'ai voulu visiter ces pieux coteaux, et ce n'est pas sans un vif et touchant souvenir d'elle-même, que j'ai revu là ces fleurs dont ses compagnes racontent qu'elle faisait des guirlandes et des bouquets pour la Sainte-Vierge (3).

Toutefois, bien qu'elle se mêlât aux jeux de ses amies, et qu'elle prît part volontiers à leurs rondes sur la pelouse, devant la chapelle, elle n'était point folâtre,

(1) *Erat bona, simplex, dulcis et bene moderata filia.*

(2) *Portabat sæpe candelas, et ibat ad Nostram Dominam de Bermont, in peregrinationem.* (T. II, p. 420.)

(3) *Et faciebat apud arborem serta pro imagine Beatæ Mariæ de Dompremi.* (T. I, p. 68.)

atteste l'une d'entre elles, ni danseuse (1) ; et une autre nous apprend que, pendant qu'elles jouaient ensemble, Jeanne se retirait quelquefois à part, et on voyait qu'elle s'entretenait avec Dieu (2) : elle était, en un mot, il n'y a qu'une voix pour l'attester, d'une piété constante, aussi bien que d'une parfaite innocence : si parfaite, que quand Nicolas Bailly fut envoyé par les juges de Rouen à Domrémy pour trouver contre elle des témoignages, il fut forcé lui-même de dire, après ses sévères enquêtes : « Bien que je les eusse faites à Domrémy et dans cinq ou six paroisses du voisinage, je n'ai rien trouvé en Jeanne que je ne voulusse trouver en ma propre sœur (3). »

Et c'est pourquoi, la première fois que ses voix se firent entendre, elle eut soudain cette haute inspiration, remarquable dans une pauvre fille de village, de vouer au Seigneur sa virginité (4), sentant, par l'instinct d'en haut, qu'une âme choisie de Dieu pour de grands desseins doit demeurer sous son regard parfaitement pure.

Je parle de ses inspirations, Messieurs, de ses voix. Je vous assure qu'on se sent fort ému, lorsque, songeant à ce qu'elle a fait, on se trouve dans ce petit jardin où elle entendit du côté de l'église ces voix

----

(1) *Nec erat choreatrix.* (T. II, p. 404.)

(2) *Et sœpe dum jocarent insimul, ipsa Johanna se trahebat ad partem et loquebatur Deo, ut sibi videbatur.* (T. II, p. 420.)

(3) *In propriâ sorore.* (M. WALLON, t. II, p. 33.)

(4) *Prima vice qua audivit vocem suam, ipsa vovit servare virginitatem suam, tamdiu quamdiu placuit Deo.* (QUICHERAT, t. 1, p. 128 ; cf. p. 127 et 157.)... *Tàm corporis quam animæ.*

du ciel, et vit cette lumière. En mon précédent discours, j'ai cité le texte des paroles qui lui furent dites.
J'ajouterai seulement ceci :

J'ai étudié de très-près ce phénomène divin dans une
sainte illustre, sainte Thérèse, de très-près aussi dans
Jeanne d'Arc ; et ce qui me frappe, Messieurs, c'est que
je retrouve, dans *les voix* de la vierge de Domrémy, les
mêmes caractères essentiels que dans les manifesta-
tions faites à la fondatrice du Carmel, de même que,
dans les unes et dans les autres, je retrouve les traits
caractéristiques des paroles dites par les messagers célestes et rapportées dans les Évangiles et les Actes des
Apôtres, quand il y est question d'apparitions.

Ce sont toujours les paroles les plus simples, les plus
claires, les plus positives, disant simplement et préci-
sément ce qu'il y a à dire, « si claires, si lumineuses,
dit sainte Thérèse, qu'on n'en perd pas une syllabe.
Elles donnent immédiatement une assurance, une force,
un courage, tels, que j'aurais soutenu contre le monde
entier que c'était véritablement Dieu qui m'avait
parlé (1). »

Ainsi en fut-il de Jeanne : du côté des *voix* qui
parlent, simplicité, clarté, précision ; du côté de la
jeune fille qui les entend, certitude joyeuse et courage (2).

(1) « Notre-Seigneur fait que ces paroles ne se peuvent oublier;
elles répandent jusqu'au fond de l'âme la lumière et la paix, et une
joie douce, forte, vive, pénétrante et tranquille. » (*Vie de sainte Thérèse* par elle-même.)

(2) *Quando audiebat dictam vocem multum gaudebat.* (T. II, p. 12.)
« Et quand ceste voix me vient, je suis tant resjouie que merveilles. »
(T. IV, p. 235.)

2

Elle est de suite résolue à se dévouer généreusement, et à quitter tout ce qui est le plus cher au cœur d'une jeune fille de quinze ans, son père, sa mère, ses frères, ses compagnes, son village, sa riante vallée, son église; et cela pour affronter tous les hasards.

Et son assurance, sa certitude sont telles, que rien ne peut l'ébranler : ni, à Domrémy, son père qui menaçait de la noyer, plutôt que de la voir partir avec les gens de guerre (1); ni son oncle, qui, malgré son affection pour elle, la trouvait insensée; ni, à Vaucouleurs, Baudricourt, qui n'a pas d'autre chose à lui dire, sinon que de bons soufflets la guériront de sa folie (2); ni, à Toul et Nancy, le duc de Lorraine, qui veut la voir et auquel elle dit hardiment qu'il gouvernait mal sa vie et qu'il ferait bien de reprendre « sa bonne femme; » ni enfin tous ces bons gentilshommes lorrains, qu'elle convainc par ses paroles d'une simplicité, d'une lumière et d'une énergie irrésistibles.

« J'irai, dit-elle; il faut que j'y aille; dussé-je y aller sur mes genoux (3). »

« Mais qui vous envoie? — C'est mon Seigneur.

« Qui est votre Seigneur? — C'est le Roi du ciel (4). »

Alors le brave chevalier Jean de Metz, mettant sa main dans les siennes, jure par sa foi que, Dieu aidant,

---

(1) *Vere, si ego crederem quod illa res eveniret, quam timeo de ipsa filia mea, egomet submergerem eam.* (T. I, p. 132.)

(2) *Ipse autem Robertus bina vice recusavit eam et reppulit.* (T. I, p. 53.) — *Robertus pluries eidem testi* (son oncle) *dixit quod reduceret eam ad domum patris, et daret ei alapas.* (T. II, p. 444.)

(3) *Quod si deberet ire supra sua genua, iret.* (T. II, p. 448.)

(4) *Dum idem testis quæreret ab ea, quis esset ejus Dominus, dicebat ipsa puella quod erat Deus.* (Id., p. 436.)

il la mènera jusqu'au Roi. « Et quand voulez-vous partir? » lui dit-il. « Plutôt aujourd'hui que demain, plutôt demain qu'après (1). »

Cela dit, ils partent. Le menu peuple, qui seul lui avait toujours été favorable, se cotise et lui donne un pauvre cheval; on lui fit quitter ses habits rouges de paysanne, et on lui mit un habit de guerre; et ils vont, pendant onze journées, et cent cinquante lieues, jour et nuit, à travers les bois, les fleuves, les bandes ennemies, sans qu'elle se lassât jamais, les enflammant de sa parole, a dit un de ses compagnons de voyage, le chevalier de Poulangy, leur inspirant à tous, avec le courage qui l'animait elle-même, une confiance en sa mission, et un respect pour sa personne dont ces gens de guerre étaient eux-mêmes étonnés. « Je la croyais une envoyée de Dieu, dit-il expréssement, et elle me paraissait une sainte (2). »

Jeanne, pendant ce voyage, n'avait qu'une peine, celle de ne pouvoir entrer dans les églises et prier selon sa coutume; mais la crainte des Bourguignons et des Anglais, qui étaient partout, en empêchait. Lorsqu'elle passait dans un village et qu'elle voyait l'église : « Si nous pouvions entendre la messe, disait-elle, comme nous ferions bien (3)! » Et pour se dédommager, quand elle arriva dans le premier village soumis au roi de France, elle entendit trois messes le même jour.

___

(1) *Citius nunc quam cras, et cras quam post.* (Ibid.)

(2) *Ac erat ipse testis* (Bertrand de Poulangy). — *Multum inflammatus suis vocibus, quia sibi videtur quod erat ex Deo missa; semper fuit ta bona filia,* sicut fuisset sancta. (T. II, p. 458.)

(3) *Dicebat quod bonum esset quod audirent missam.* (Ibid.)

A Chinon, vous le savez, Messieurs, dans cette triste cour où la mollesse et la lâcheté préparaient la trahison, ce fut même piéte, même candeur virginale, même assurance intrépide.

A Poitiers, devant les habiles docteurs de l'Université : « Je crois bien, dit-elle, que vous êtes venus pour m'interroger. Je ne sais ni A, ni B ; mais je viens de la part du Roi des cieux pour faire lever le siége d'Orléans et mener le roi à Reims, afin qu'il y soit couronné et sacré. »

Elle triompha, et j'aime à rappeler ce premier triomphe devant vous, Monseigneur, qui deviez un jour lui rendre ce bel hommage dont les voûtes de notre cathédrale retentissent encore.

Enfin, Messieurs, après toutes ces épreuves que je vous ai déjà racontées, le roi, les princes, les docteurs, les chevaliers, les évêques, tous sont vaincus. On lui donne une armure et une armée ; le ciel lui avait trempé son épée. Elle fait faire sa bannière, et à travers les bastilles anglaises elle arrive ici, sous vos murs.

Telle fut donc la jeune fille : pieuse et humble, douce, charitable, innocente et virginale, favorisée des inspirations célestes, et fidèle jusqu'à tout sacrifier pour obéir à Dieu et sauver sa patrie.

Je ne crois pas que dans l'enfance d'aucune sainte se rencontre à la fois plus de charme et de piété, ni, dans une élection plus haute, une fidélité plus courageuse.

C'est maintenant, Messieurs, que je vais étudier la sainte dans la guerrière.

II

Lorsqu'on traite à Rome de la béatification d'une vie, d'une âme, on examine avant tout l'héroïcité des vertus.

Ce qui fait la sainteté, c'est l'héroïsme des vertus. Mais qu'est-ce qui fait l'héroïsme des vertus? N'est-ce pas, Messieurs, cette flamme qui emporte l'âme vers les sommets de toutes les grandes et saintes choses, et qui se nomme de ce grand nom, l'amour?

Magna res est amor, dit le profond auteur de l'*Imitation;* et j'estime comme lui qu'il n'y a rien d'héroïque ici-bas sans cette flamme.

Oui, c'est l'amour, c'est ce foyer des élans généreux et des fortes vertus, qui fait les héros chrétiens et les saints.

Jeanne d'Arc eut au cœur un double et grand amour, où s'allument tous les autres, l'amour de Dieu et de la patrie; et par là, Messieurs, toutes les grandes vertus chrétiennes, dans le cœur de cette simple et jeune fille, devenue une guerrière intrépide, furent élevées jusqu'à l'héroïsme.

La sainteté, Messieurs, c'est le jour et le lieu de le proclamer, la sainteté ne fleurit pas seulement au désert et dans les cloîtres, elle peut s'épanouir aussi parmi le monde et ses périls, au milieu des camps et de leur tumulte. Jeanne d'Arc est une guerrière, et Jeanne d'Arc est une sainte.

Voyez la guerrière : n'est-ce pas la plus héroïque et la

plus française? Le courage, l'honneur, avec sa fierté, sa flamme, ses vives délicatesses, et cette indomptable ardeur qui ne cède jamais!... voilà Jeanne d'Arc!

Et ne croyez pas, Messieurs, que tout cela soit étranger aux vertus chrétiennes : non, c'en est l'épanouissement et la splendeur.

Écoutez saint Paul exhortant à l'honneur et au courage : *Si qua laus, si qua virtus, hæc cogitate !* Entendez le Prince des Apôtres parler de cet honneur de Dieu qui enflamme les âmes guerrières : *quod est virtutis et honoris Dei, super vos requiescit.* Ce fier sentiment de tout ce qui fait battre noblement un cœur, et y allume le grand et pur enthousiasme, voilà l'âme de nos héros, de tous, depuis le chef des phalanges célestes, l'archange, combattant le démon avec des mots pleins d'honneur : *Quis ut Deus !* jusqu'aux Machabées, jusqu'à ce saint Louis dont les Sarrasins disaient : « Oncques ne vîmes « un plus fier chrétien. » Les Anglais en purent dire autant de Jeanne d'Arc. Oui, elle était de cette race : et dans la simplicité de la pieuse fille des champs, l'honneur, l'honneur personnel, l'honneur national palpite, et sans cesse éclate par des mots courts, enflammés, soudains, qui entraînent tout.

La voyez-vous dans l'action, toujours pleine de l'élan guerrier et chrétien, et aussi de la gaîté française?

De l'extrémité rompue du pont d'Orléans, elle crie aux Anglais, en leur envoyant une lettre au bout d'une flèche : « Lisez, ce sont des nouvelles (1). »

Le lendemain, quand elle s'élance à la porte Bour-

(1) *Legatis, sunt nova.* (Pasquerel, t. III, p. 108)

gogne, et que Gaucourt la veut arrêter : « Vous êtes un méchant homme, dit-elle, et qu'il vous plaise ou non, les gens d'armes viendront. »

A l'attaque de la bastille des Augustins, dans la sainte ardeur qui l'anime, elle plante elle-même sa bannière sur le fossé du rempart.

Aux Tourelles, c'est au nom de Dieu qu'elle relève le courage des guerriers abattus. Elle était blessée. Dunois veut faire cesser l'attaque : « Non, non, s'écrie-t-elle, de par Dieu, retournez à l'assaut ; sans nulle faute, les Anglois vont céder, et seront prises leurs Tourelles (1). »

Et puis : « Entrez, entrez hardiment, ils sont tous vôtres (2). »

Et c'est toujours elle qui s'élance la première, toujours à l'avant-garde, et enlevant tout. Jamais elle n'hésite ni ne recule (3).

A l'attaque de Jargeau : « Gentil duc, crie-t-elle au jeune duc d'Alençon qui hésite, as-tu peur ? Ne sais-tu pas que j'ai promis à ta femme de te ramener sain et sauf ? »

Elle pose une échelle contre les remparts ; une pierre se brise sur son casque et la renverse ; mais soudain elle se relève et crie aux hommes d'armes : « Amis, amis, sus ! sus ! notre Sire a condamné les Anglais. Ils sont nôtres à cette heure. Ayez bon courage. »

Et avant le brillant combat de Patay : « Avez-vous

(1) T. IV, p. 160.
(2) Ibid., p. 228.
(3) *Ipsa multum affectabat habere onus* de l'avant-garde. (Déposition de son page, t. III, p. 71.)

de bons éperons? » demanda-t-elle. — C'est Dunois qui le raconte.

Plusieurs l'entendant s'écrièrent :

« Que dites-vous? Nous tournerons donc le dos? — Nenni, dit Jeanne, en nom Dieu, ce seront les Anglois; ils seront déconfits, et vous aurez besoin des éperons pour les suivre (1). »

Et puis encore : « Fussent-ils pendus aux nues, en nom Dieu, nous les aurons! »

A Troyes, enfin, c'est Jeanne qui veut l'attaque malgré tous les capitaines; c'est Jeanne qui promet la victoire, et les Anglais capitulent.

N'est-ce pas là, Messieurs, l'entrain français, la flamme du courage, l'honneur? Ah! oui, sa bannière, portée victorieuse en vingt combats, avait droit de paraître à Reims; et il n'y a cœur français dans lequel ne retentisse encore aujourd'hui sa fière réponse :

« Elle avait été à la peine, c'était bien raison qu'elle fût à l'honneur (2). »

Mais voici, Messieurs, le charme incomparable : c'est le cœur d'une sainte qu'il y avait dans le cœur de cette guerrière; c'est le spectacle de cette alliance, au fond si

---

(1) *Habeatis omnes bona calcaria. Quo dicto, assistentes petierunt eidem Johannæ : « Quid dicitis? Nos ergo terga vertemus? » Tunc ipsa Johanna respondit : « Non, sed erunt Anglici qui devincentur, eruntque vobis necessaria calcaria ad currendum post eos.* (Dunois, t. III, p. 11.)

(2) « ... Et durant ledit mystère, la Pucelle s'est toujours tenue joignant du Roy, tenant son estendart en sa main. Et estoit moult belle chose de voir les belles manières que tenoit le Roy et aussi la Pucelle. » (Lettre de trois gentilshommes angevins à leurs femmes.)

naturelle et si française, de la plus héroïque valeur et de la piété la plus fervente.

Et d'abord, l'obéissance à Dieu, c'est-à-dire le grand et fidèle amour de la volonté divine, cet amour, qui est le principe même de la sainteté, chez Jeanne d'Arc passait avant tout : avant son œuvre, avant le triomphe, avant la gloire.

Son œuvre, vous savez si elle y tenait : « Je ne puis plus durer où je suis, disait-elle ; il faut que j'aille vers le Roi, quand je devrais user mes jambes jusqu'aux genoux. »

Et cependant elle ajoutait : « J'aimerais mieux être écartelée et tirée à quatre chevaux que d'aller à Orléans, si ce n'est pas la volonté de Dieu (1). »

« Certes, disait-elle encore, j'aimerais bien mieux filer auprès de ma pauvre mère, car la guerre n'est point mon état ; mais il faut que j'aille et que je le fasse, parce que mon Seigneur le veut. »

Et enfin, dans la conviction que c'était la volonté de Dieu, elle était décidée, comme Notre-Seigneur dans l'Évangile le demande aux vocations d'élite, à tous les sacrifices : « Puisque Dieu le commandait, il le convenait faire. Quand j'aurais eu cent pères et cent mères, et que j'eusse été fille de roi, je serais partie (2). »

Et dans les plus formidables hasards, sans cesser d'agir par elle-même, ni tenter Dieu par témérité, voyez

---

(1) *Non poterat plus durare ubi erat.* (T. I, p. 53.) — *Quod mallet esse distracta cum equis, quam venisse in Franciam sine licentia Dei.* (Id., p. 74.)

(2) *Si habuisset centum patres et matres, nihilominus ipsa recessisset.* (T. I, p. 129.)

comme c'était en Dieu seul qu'elle mettait tout son espoir :

« Les hommes d'armes batailleront, disait-elle, et c'est Dieu qui donnera la victoire (1).

Et quand on lui disait que jamais en aucun livre on n'avait lu choses semblables, elle répondait : « Messire a un livre où nul clerc n'a jamais lu, si parfait qu'il soit en cléricature (2). »

Et lorsque le Roi, les courtisans, et les docteurs, opposaient des doutes à sa mission : « Si je n'en étais sûre de par Dieu, disait-elle, j'aimerais mieux garder les brebis que de m'exposer à tant de peine (3). »

Et si quelque sage homme venait lui dire : « Ma fille, ils sont forts et bien fortifiés, et sera une grande chose à les mettre hors, » elle répondait : « Il n'est rien d'impossible à Dieu. »

Voilà, Messieurs, la foi, la confiance, et la magnanimité des saints. Ils se dévouent, ils se jettent tout entiers, simplement, résolument, dans l'action et le péril ; mais ils comptent sur Dieu, et leur arme la plus puissante, c'est la prière.

Or, ce grand signe de la sainteté, que nous avons vu déjà dans la jeune enfant, l'esprit de prière, quel

(1) T. III, p. 204.

(2) *El pluries audivit dicere dictæ Johannæ quod de facto suo erat quoddam ministerium ; et quum sibi diceretur : « Nunquam talia fuerunt visa sicut videntur de facto vestro ; in nullo libro legitur de talibus factis ; » ipsa respondebat : « Dominus meus habet unum librum in quo unquam nullus clericus legit, tantum sit perfectus in clericatura. »* (T. III, p. 110 et 111, Pasquerel.)

(3) *Quod nisi esset secura quod Deus deducebat hoc opus, ipsa prædiligeret custodire oves quam tantis periculis se exponere.* (T. III, p. 95.)

saint guerrier l'eut jamais plus que Jeanne d'Arc? Au milieu même des combats, voyez-la, elle n'est pas un seul instant sans que son regard soit tourné vers Dieu.

Lorsqu'enfin sa mission fut agréée, elle se fit faire une bannière, — elle est là sous vos yeux, Messieurs, — avec une image du Sauveur portant le globe de la terre en ses mains : à ses pieds sont deux anges, et l'un lui présente la fleur, symbole de la vieille France, qu'il bénit (1); et c'est précédée de sa bannière que, le jeudi 28 avril, elle sortait de Blois, votre bonne ville, Monseigneur, pour venir ici, et c'était elle qui ouvrait la marche au chant du *Veni Creator*, et tout le long du chemin elle faisait chanter à sa troupe, cette troupe qui allait accomplir sous sa conduite de si merveilleux exploits, des hymnes à Notre-Seigneur et à la très-sainte Vierge.

Tous étaient ravis de la voir, et un jeune et vaillant chevalier, Gui de Laval, écrivait à sa mère : « Je la vis monter à cheval, armée tout en blanc, sauf la tête, une petite hache à la main, sur un grand coursier, son page portant sa bannière devant elle; » et tous ensemble ils passèrent à travers les lignes ennemies, processionnellement, les prêtres et Jeanne chantant des cantiques. Elle entra ainsi dans Orléans, ayant à sa gauche Dunois, richement armé, et derrière elle de nobles seigneurs, de vaillants bourgeois d'Orléans qui étaient venus lui faire cortége, et tout le peuple qui portait des torches ; et tous, dit le journal du siége, se

(1) *In quo depingebatur imago Salvatoris nostri sedentis in judicio in nubibus cœli, et erat quidem angelus depictus tenens in suis manibus florem lilii quem benedicebat imago.* (T. III, p. 203.)

sentaient « réconfortés et comme désassiégés, par la vertu divine qu'on leur avait dit être dans cette simple Pucelle (1); » mais quelle est, Messieurs, sa préoccupation dans un tel mouvement d'enthousiasme populaire? « Avant tout elle voulut venir ici, dans cette cathédrale, pour prier et rendre ses respects à Dieu son créateur, » dit la vieille chronique (2). Ainsi, c'est la foi, c'est l'espérance chrétienne, c'est Dieu qui remplit cette âme tout entière.

Et telle nous la voyons ici, aux débuts de sa vie guerrière, telle Jeanne se montre jusqu'à la fin : toujours on la voit revenir à la pensée de Dieu et à la prière. Ainsi le lendemain de son arrivée à Orléans, comme un capitaine expérimenté, elle inspecte les fortifications des Anglais tout à loisir; puis, rentrée dans la ville, où va-t-elle? Ici, Messieurs, à Sainte-Croix, prier et entendre vêpres (3).

Et voyez la scène touchante que nous a retracée Dunois : cette guerrière, tous les soirs, à l'heure du crépuscule, au son des cloches, se retirait dans les églises, et, rassemblant les religieux qui suivaient l'armée, elle se mettait en oraisons, et leur faisait chanter quelqu'une des hymnes de la sainte Vierge (4). Encore une fois,

(1) Journal du siége.

(2) *Recepta fuit cum tanto gaudio et applausu ab omnibus utriusque sexus, parvis et magnis, ac si fuisset angelus Dei.* (T. III, p. 24, Luillier.) — *Quod vidit ipsam Johannam quando primo intravit villam Aurelianensem, quod ante omnia voluit ire ad majorem ecclesiam ad exhibendam reverentiam Deo creatori suo.* (T. III, p. 26, J. L'Esbahy, bourgeois d'Orléans.)

(3) Journal du siége, l. 1.

(4) *In horá crepusculi noctis, omnibus diebus, se retrahebat ad ec-*

je vous le demande, n'est-ce pas là une sainte dans les camps?

Vous savez d'ailleurs, Messieurs, que quand elle forma sa petite armée, elle voulut que tous les hommes d'armes se missent en état de grâce ; et un jour qu'on hésitait à la laisser conduire ses hommes à un pas dangereux : « Laissez-moi faire, dit-elle ; ils sont bien confessés, pénitents, et de bonne volonté : tout ira bien (1). »

Et c'étaient les plus vaillants chefs eux-mêmes, tels que La Hire, qu'elle décidait à servir Dieu. « Elle les faisait se confesser tous, dit l'un d'eux, et j'ai vu La Hire, cédant à ses instances, confesser ses péchés, et beaucoup d'autres de la troupe de La Hire (2), » les plus braves, mais aussi les plus fougueux compagnons.

Dans ce même esprit de foi, Jeanne ne pouvait souffrir les blasphêmes des gens de guerre, et quand elle les avait entendus, elle les en faisait dédire : « Ah ! maître, dit-elle un jour à un des principaux chevaliers, osez-vous bien renier notre Sire et notre Maître ? En

clesiam, et faciebat pulsari campanas per dimidiam horam, congregrabatque religiosos mendicantes qui sequebantur exercitum regis, et illá horá se ponebat in oratione faciebatque decantari per illos fratres mendicos unam antiphonam de beatá Virgine matre Dei. (T. III, p. 14.)

(1) _De qua re fecit difficultatem, dicens quod nolebat dimittere genetem suam seu armatos homines qui erant bene confessi, pœnitentes et bonæ voluntatis,_ etc. (T. III, p. 5, Dunois.)

(2) T. III, p. 81. _Ipsa inducebat armatos ad confitendum peccata sua ; et de facto vidit qui loquitur quod, ad instigationem suam et monitionem, La Hire confessus est peccata sua, et plures alii de societate sua._ — _Increpabat armatos quando negabant vel blasphemabant nomen Dei._

nom Dieu, vous vous en dédirez avant que je parte d'ici. »
Et le chevalier se repentit et se corrigea (1).

« Et moi-même, disait le jeune et brillant duc d'Alençon, elle m'en gronda plus d'une fois, et devant elle je
n'osai plus jurer. »

Elle avait même forcé La Hire à ne plus jurer que
par son bâton : « Par mon Martin, ce estoit son serment. »

Et de cette armée, il fallut surtout que toutes les
femmes de mauvaise vie disparussent. Elle les chassait
du camp, comme saint Louis à Damiette, et à la pour-
suite de l'une d'elles, elle brisa un jour son épée.

Dans cette délicatesse extrême de conscience qu'inspire
aux saints leur amour pour Dieu et leur sentiment profond de la sainteté divine, elle se confessait presque tous
les jours, atteste son confesseur lui-même, et en rece-
vant, par l'absolution, le sang de Jésus-Christ sur son
âme, elle pleurait.

Que de fois elle a déclaré qu'elle aimerait mieux
mourir que de charger son âme d'un seul péché !

Lorsqu'elle fut atteinte aux Tourelles entre l'épaule
et la gorge d'un trait d'arbalète qui la perça de part en
part, elle eut peur et pleura. La jeune fille demeurait
dans l'héroïne ; mais par dessus tout se retrouvait la
sainte. Et lorsqu'on eut arraché le fer de la plaie, et que

____

(1) *Multum etiam irascebatur dum aliquos armatos audiebat ju-
rantes ; ipsos multum increpabat et maxime ipsum loquentem qui aliquando jurabat : et dum videbat eam, refrenabatur a juramento.*
(T. III, p. 99, Alençon.) — La Hire : *Quod amplius non juraret ; sed
dum vellet negare Deum, negaret suum baculum. Et postmodum ipse
La Hire in præsentia ipsius Johannæ, consuevit negare suum baculum.*
« Par mon Martin, ce estoit son serment. » (T. IV, p. 4, etc.)

quelques hommes de guerre lui proposèrent de *charmer* la blessure, elle s'y refusa, disant : « J'aimerais mieux mourir que de rien faire contre la volonté de Dieu (1). »

Voilà, Messieurs, le cri de la sainte. Et, un quart-d'heure après, elle s'élançait, et sa bannière triomphante flottait au sommet des Tourelles conquises. Voilà la guerrière.

Oui, il y avait dans cette humble et héroïque fille des champs une grande chrétienne. Et lorsqu'on regarde de près cette âme, après le bruit des batailles, quand la poussière du combat est tombée, lorsqu'on cherche dans son fond intime la source cachée d'où jaillissaient ces grandes actions dont l'histoire est émerveillée, ce qu'on trouve, Messieurs, c'est cette piété qui fait les saints, cette piété prise au fond même du christianisme : l'amour de Notre-Seigneur, de sa croix, de la sainte Eucharistie, du saint sacrifice de la messe ; et aussi la piété envers la sainte Vierge et les vierges martyres.

Jeanne aimait Notre-Seigneur, comme l'ont aimé tous les saints, avec tendresse.

Et voyez-en, Messieurs, dans toute sa vie de batailles, les témoignages quotidiens.

(1) *Fuit læsa de una sagitta seu viritone in collo* (t. I, p. 79); — *ex una sagitta quæ penetravit carnem suam inter collum et spatulas de quantitate dimidii pedis* (t. III, p. 8, Dunois). — *Supra mammam taliter quod tractus apparebat ex utroque latere* (t. III, p. 109 et 111, Pasquerel). Journal du siége : « entre l'espaule et la gorge, si avant qu'il passoit oultre ; » — p. 228 (Chron.) : « par l'espaule tout oultre ; » — *Et dum sensit se vulneratam, timuit et flevit, et fuit consolata, ut dicebat ; et aliqui armati, videntes eam taliter læsam, voluerunt eam charmare, gallice,* charmer ; *sed ipsa noluit, dicendo,* etc. (T. III, p. 109 et 111, Pasquerel.)

Outre sa bannière, où elle aimait à contempler l'image du Sauveur maître du monde, elle s'en était fait faire une seconde où était peint Jésus en croix; et chaque jour, matin et soir, des prêtres se rassemblaient à l'entour, et Jeanne y venait prier pieusement Notre-Seigneur et adorer sa croix.

Quoique si jeune encore et dans la fatigue des camps, elle jeûnait tous les vendredis en l'honneur de la Passion (1).

Ici encore Dunois a rendu à la jeune compagne de ses exploits ce témoignage si touchant dans la bouche du vieux soldat : « Elle était presque continuellement en prières, entendait la messe tous les jours, se confessait souvent, et recevait fréquemment le sacrement de l'Eucharistie. »

Elle entendait la sainte messe, mais comment? avec la foi la plus vive. « J'ai vu, dit Louis de Contes, son page, j'ai vu Jeanne à la messe, et à l'élévation du corps du Sauveur, elle répandait d'abondantes larmes (2). »

(1) *Consueverat jejunare diebus veneris.* (Son confesseur, t. III, p. 108.)

(2) *Quod ipsa Johanna erat multum devota erga Deum et beatam Mariam, et quasi quotidie confitebatur, et communicabat frequenter... dum ipsa confitebatur, ipsa flebat.* (T. III, p. 104, Pasquerel.) — *Quod habebat in consuetudine frequenter confitendi peccata sua, et quotidie audiebat missam.* (T. III, p. 34.) — *Confitebatur sæpe, vacabat orationi assidue : audiebat missam quotidie, et recipiebat frequenter Eucharistiæ sacramentum.* (Id., p. 18, Dunois.) — *Quæ sæpissime confitebatur de duobus diebus in duos dies, et etiam qualibet septimana recipiebat sacramentum Eucharistiæ, audiebatque missam qualibet die, et exhortabatur armatos de bene vivendo et sæpe confitendo.* (Id., p. 81, Sim, Beaucroix.) — *Quod ipsa vidit Johannam, dum celebraretur missa, in elevatione corporis Christi mittere lacrymas in abundantia.* (Id., p. 32. L. de Contes.)

Ainsi, cette fière guerrière avait ce don sacré des larmes pieuses, cette source des pleurs que tous les saints ont répandus aux pieds de Jésus-Christ.

Comme Notre-Seigneur aussi, elle aimait les petits et les pauvres, et se plaisait à communier avec eux :

« Quand elle se trouvait, dit Pasquerel, dans un endroit où il y avait des couvents de religieux mendiants, elle me disait de lui remettre en mémoire les jours où les petits enfants, dans leurs églises, recevaient la communion, afin que, ce jour-là, elle la reçût avec eux, ce qu'elle fit bien des fois (1). »

Et après les plus brillantes victoires, c'était toujours vers Dieu que se tournait sa reconnaissance. Après la prise des Tourelles, elle vint ici même, à la place où vous êtes, Messieurs, rendre grâces au Seigneur ; et le lendemain, les Orléanais, conduits encore par elle, allèrent d'église en église bénir Celui qui les avait délivrés.

Dès le matin, elle envoya chercher une table, fit dresser un autel, apporter les vêtements sacerdotaux, et célébrer deux messes qu'elle entendit avec grande dévotion, et toute l'armée avec elle. La cérémonie achevée : « Or, regardez, dit-elle plaisamment, si les Anglois ont le visage tourné devers vous ou le dos. » On lui répondit qu'ils se tournaient vers Meung : « En

____

(1) *Dicebat eidem loquenti, quando erat in aliquo loco ubi erant conventus mendicantium, quod sibi daret memoriæ dies in quibus parvi pueri mendicantium recipiebant sacramentum Eucharistiæ, ut illá die reciperet cum parvis pueris mendicantium, sicut multotiens faciebat.* (Son confesseur, t. III, p. 104.)

nom Dieu, reprit-elle, ils s'en vont, laissez-les partir ; il ne plaît pas à Messire qu'on les combatte aujourd'hui : vous les aurez une autre fois, et allons remercier Dieu (1). »

Tel était, Messieurs, son amour pour Dieu, amour pur, amour tendre et fort, amour confiant et magnanime dans sa foi et son espérance. Je le demande, n'est-ce pas ainsi que les saints ont aimé le Seigneur ? N'est-ce pas là la sainteté ?

Mais dans l'amour de Dieu, Messieurs, se retrouvent et s'élèvent tous les nobles amours.

Et parmi les plus nobles, il en est un que Dieu a consacré, que Notre-Seigneur a ressenti, et qui n'a jamais oublié de battre dans le cœur des saints : c'est l'amour de la patrie.

Ne pensons pas, Messieurs, que ces deux amours se combattent, et qu'il y ait à choisir entre les devoirs de chrétien et ceux de français.

Non, non, la Religion montre du doigt le ciel, mais elle ne nous fait pas oublier la chère patrie d'ici-bas. La Religion n'est que l'harmonie de tous les devoirs, et plus le saint comprend ce qu'il doit à Dieu, plus aussi il comprend ce qu'il doit aux hommes.

(1) Misit quæsitum unam tabulam, fecitque apportari ornamenta ecclesiastica, *et ibi fecit celebrari duas missas, quas cum magná devotione ipsa et totus exercitus armatorum audierunt. Quibus missis celebratis dixit ipsa Johanna quod respicerent si Anglici haberent facies conversas ad ipsos, et tunc responsum est ei quod non; imo habebant facies versus castrum de Meung. Quo audito ipsa dixit:* « In nomine Dei, ipsi vadunt; sinatis eos abire, *et* eamus regratiandum Deo. (T. III. p. 29.)

Voilà pourquoi, Messieurs, l'amour de la France fut, avec l'amour de Dieu, la flamme de Jeanne d'Arc.

Par ses qualités naturelles et surnaturelles, Jeanne d'Arc est une fleur de la vieille France : fille du peuple, de ce peuple des champs où se conservent le mieux peut-être les vertus et la vieille foi nationales, en elle s'est concentré le vrai patriotisme, l'invincible répulsion du joug de l'étranger, l'élan généreux de l'honneur pour l'indépendance de la patrie, en un mot, au jour du péril, l'amour héroïque de son pays, de son roi, du sol natal et des Français.

Et en quels mots sublimes, Messieurs, éclate sans cesse cette noble passion ! On attaque sans elle la bastille de Saint-Loup ; elle s'éveille : « Ah ! méchant garçon, dit-elle à son page, vous ne me disiez pas que le sang de France fût répandu ! Allez quérir mon cheval (1). » Et elle s'élance à la porte Bourgogne. Et à la vue des blessés français : « Jamais, dit-elle, je n'ai vu couler sang de Français que les cheveux ne me levassent sur la tête (2). »

Elle aime non seulement les enfants fidèles, mais les enfants égarés de la France ; et elle se félicitait d'avoir pu reprendre tant de villes, dans sa marche vers Reims, sans qu'une seule goutte de ce sang français, qui lui était si cher, fût répandue.

Une de ses grandes douleurs, c'était que le duc de Bourgogne, prince français, fût contre la France pour les Anglais. Elle le supplie, elle le conjure à mains

(1) T. III, p. 68, déposition de Louis de Contes, son page.
(2) Déposition de d'Aulon, son écuyer.

jointes, lui qui est du sang de France, de faire sa paix avec le Roi ; elle le prie, non par aucun intérêt de parti, mais parce que « ce sera grande pitié de la grande bataille et du sang qui sera répandu, car c'est le sang de France (1). »

Quand le duc d'Alençon vint la rejoindre : « Soyez le très-bien venu, dit-elle ; plus il y en aura ensemble du sang royal de France, mieux en sera-t-il (2). »

Ce roi qui avait douté d'elle avant et après la délivrance d'Orléans ; qui, livré à ses favoris, devait l'abandonner lâchement, elle l'aimait : jamais plus fidèle au triste Charles VII qu'au jour de cet abandon, elle ne permit jamais aux Anglais de l'insulter devant elle.

Elle accepta pour elle-même toutes les injures ; mais quand on insulta le roi, son âme frémit : « Par ma foi, révérence gardée, dit-elle, ò prédicateur, vous parlez mal. Je vous ose bien dire et jurer sur peine de ma vie que le roi Charles est un bon catholique, quoiqu'il n'ait pas cru en moi (3). » A ce mot si fier, les Anglais poussèrent un cri.

Elle servit ce malheureux roi sans lui demander jamais rien pour elle ni pour les siens ; après Reims, elle ne lui demanda qu'une chose : d'exempter d'impôts le village où elle était née, et d'y fonder une école pour les jeunes filles ; et son père, qui était venu au Sacre, en rapporta la nouvelle à Domrémy.

(1) Lettre écrite par Jeanne au duc de Bourgogne.

(2) *Quanto plures erunt de sanguine regis Franciæ, insimul, tanto melius.* (Déposition du duc d'Alençon, t. III, p. 91.)

(3) *O prædicator male dicitis : non loquamini de persona domini regis Karoli, quia bonus catholicus est, et in me non credidit.* (T. III, Isambard de La Pierre.)

Et si elle aimait et servait ainsi son Roi, c'était toujours, comme elle l'a dit naïvement plus tard dans son pieux langage, « notre Sire premier servi. » A ses yeux, le premier maître de la France, c'était Dieu, et elle conseillait à Charles VII « de donner son royaume au Roi des cieux, et que le Roi des cieux, après cette donation, ferait tout pour lui et pour la France (1). »

Mais, il le faut ajouter, son amour pour la France ne lui inspirait pas de haine pour ceux qu'elle combattait. « Ne me parlez pas, dit quelque part Bossuet, des héros sans cœur. » Nous n'avons pas ici, Messieurs, une héroïne sans compassion : elle avait horreur du sang versé, non pas seulement du sang français, mais du sang même des ennemis. Les guerriers les plus chrétiens, saint Louis, frappaient d'estoc et de taille : elle ne se jetait au plus fort de la mêlée que sa bannière à la main. Elle aimait son épée, mais « quarante fois plus, disait-elle, son étendart que son épée. » Elle ne tua jamais personne ; ni son épée ni sa hache d'armes ne lui servirent jamais (2).

D'acier contre les périls, non moins que contre le vice, mais tendre et sensible, comme une sœur de charité, on la voyait, sur le champ de bataille, après la victoire, et pendant le combat même, prodiguer les soins les plus affectueux à tous les blessés, Anglais ou

---

(1) *Quod donaret regnum suum regi cœlorum, et quod rex cœlorum post hujusmodi donationem, sibi faceret prout fecerat suis prædecessoribus.* (Le duc d'Alençon, t. III, p. 91.)

(2) *Quod multo, videlicet quadragesies, prædiligebat vexillam quam ensem... quod ipsamet portabat vexillum prædictum, quando aggrediebatur adversarios, pro evitanda, ne interficeret aliquem ; et dicit quod numquam interfecit hominem.* (T. I, p. 78.)

Français (1). « De quelque parti qu'ils fussent, dit un témoin, elle avait pour eux la plus vive compassion. » Et un jour, un Français ayant frappé à la tête et blessé grièvement un Anglais prisonnier qu'il avait sous sa garde, Jeanne descendit de cheval, soutint le blessé par la tête pendant qu'il recevait les secours de la religion, le soignant et le consolant autant qu'elle le pouvait (2).

Et laissez-moi vous signaler encore ce trait qui la peint bien : après la prise de la bastille de Saint-Loup, qui fut son premier exploit, elle recueillit les prisonniers, empêcha qu'on ne leur fît aucun mal et les fit recevoir et soigner dans la maison qu'elle habitait. Et quant aux morts, « elle pleurait sur eux, dit Pasquerel, en pensant qu'ils étaient morts sans confession. » Et au retour elle se confessa sur-le-champ à celui qui nous a transmis ce touchant détail sur son premier combat (3).

Et aux Tourelles, au moment où le pont se rompit sous les Anglais précipités dans la Loire, elle eût voulu les sauver : « Glacidas! Glacidas! criait-elle à leur chef, rends-toi, rends-toi au Roi du ciel. J'ai grand'pitié

______

(1) T. III, p. 205 (Seguin.) — *Pia etiam non solum erga Gallicos, sed etiam erga inimicos. De pauperibus armatis, esto quod essent de parte Anglicorum, ipsa multum compatiebatur.*

(2) *Cum quâdam vice unus Gallicus duceret certos Anglos captivos, percussit unum Anglorum in capite. Ipsa Johanna hoc videns, descendit de equo, et fecit eumdem Anglicum confiteri, tenendo eum per caput, et consolando eum pro posse.* (Déposition de son page, t. III, p. 71.)

(3) *Fuerunt multi Anglici interfecti; unde multum dolebat ipsa Johanna, ex ei quod dicebat eos interfectos sine confessione; et illico ipsa eidem loquenti confessa est.*

de vos âmes! » Glansdale fut entraîné avec les autres, mais elle ne put voir sans verser des larmes cette fin misérable de tant de braves gens (1).

Cette bonté de son cœur, Messieurs, n'empêchait en rien chez elle la fierté française, ni l'amour de la justice. Vous vous rappelez ses fières sommations au duc de Bedford et aux Anglais : « Allez-vous-en, hommes d'Angleterre, qui n'avez droit en ce royaume de France; le Roi du ciel ordonne et mande par moi que vous en alliez en votre pays, ou sinon je vous ferai un tel hahaye qu'il en sera perpétuel mémoire. Voilà ce que je vous écris pour la troisième et dernière fois, et je ne vous écrirai pas davantage » C'est la fille des champs, c'est l'humble bergère de Domremy, qui tient ce langage à l'orgueilleux frère de Henri V; mais elle parle, inspirée de Dieu; et du même foyer où s'allume sa fervente piété, jaillissent ces flammes de l'honneur français, avec ce qu'il a de plus fier et de plus délicat, de plus énergique et de plus indomptable.

Qu'ajouterais-je, Messieurs?

Il est une vertu qui peut être regardée comme l'expression la plus profonde de la sainteté, c'est l'humilité; et son héroïsme, c'est quand elle se conserve dans la gloire.

L'épreuve ici fut redoutable, pour une pauvre jeune fille de village devenue tout à coup l'idole d'une nation. Eh bien, ces batailles, ces triomphes, cet enthousiasme des guerriers, ces peuples qui volaient au-

(1) T. IV, p. 139.

devant d'elle, l'ont-ils éblouie? Et dans cet enivrement, avait-elle oublié qu'elle n'était rien et que Dieu était tout? Non, Messieurs.

Quand le peuple se précipitait sur elle, à Orléans, hommes, femmes, petits enfants, et touchaient ses vêtements, elle disait : « Je ne suis qu'une pauvre fille. »

Et plus tard, quand à Bourges les gens voulaient lui faire bénir des croix et des médailles, elle disait en souriant : « Bénissez-les vous-mêmes, elles seront tout aussi bonnes (1). »

Et quand, la croyant invulnérable, on lui disait : « Vous ne serez jamais blessée, » elle répondait « qu'elle n'en était pas plus sûre que les autres. »

Et au sortir des pompes de Reims, elle ne fait que répéter ce mot : « Je ne suis rien : mon fait n'est qu'un ministère ! »

Telles étaient son humilité et sa simplicité; mais dès qu'il s'agissait de la guerre et de sa mission, elle reprenait tout son ascendant, et elle l'exerçait avec un naturel qui témoignait bien de l'inspiration d'en haut. C'est ce que Dunois a déclaré devant les juges, et il l'avait bien éprouvé lui-même, quand il voulut l'empêcher d'attaquer les Tourelles : « Vous avez été en votre conseil, lui répondit Jeanne, et j'ai été au mien; et croyez que le conseil de Dieu s'accomplira et tiendra ferme, et que cet autre conseil périra (2). »

____

(1) *Tangatis vosmet, quia ita bona erunt ex tactu vestro, sicut ex meo.* (T. III, p. 87.)

(2) *Vos fuistis in vestro concilio, et ego fui in meo, et credatis quod consilium Domini mei perficietur, et consilium hujusmodi peribit.* (T. III, p. 109.)

Et Dunois ajoutait : « Mais en dehors du fait de guerre, elle n'était qu'une simple, humble et innocente fille (1). »

J'arrive maintenant, Messieurs, à ce qui est la délicatesse la plus vive, mais aussi le triomphe de mon glorieux sujet. Et je m'en approche avec respect.

Il y a eu, Messieurs, et c'est une des gloires du christianisme, quelques grands guerriers qui ont été de grands saints ; mais ce qui ne s'est vu qu'une seule fois, c'est la sainteté brillant de son plus pur éclat, parmi la licence de la vie des camps, dans une jeune fille de dix-huit ans, jetée au milieu des hommes de cour et des hommes de guerre, et en qui, loin que la fleur de cette innocence ait été jamais ternie, l'on n'a jamais trouvé, dit un témoin, que « bien, humilité, virginité, dévotion, honnêteté, simplesse, » et qui, devenue chef de guerriers, n'a jamais été l'objet d'une parole irrespectueuse, sauf de la part des Anglais, de quoi elle versait d'abondantes larmes (2).

(1) *Quod extra factum guerræ erat simplex et innocens ; sed in conductu et dispositione armatorum et in facto guerræ, et in ordinando bella et animando armatos, ipsa ita se habebat ac si fuisset subtilior capitaneus mundi, qui totis temporibus suis edoctus fuisset in guerra.* — Cf. t. III, p. 32, R. de Farciault ; p. 116, S. Charles : « Et chevauchoit toujours armée en habillement de guerre, ainsi qu'étoient les autres gens de guerre de la compaignie ; et parloit aussi prudemment de la guerre comme capitaine savoit faire. Et quand le cas advenoit qu'il y avoit en l'ost aucun cry ou effroy de gens d'armes, elle venoit, fust à pied ou à cheval, aussi vaillamment comme capitaine de la compaignie eust sceu faire en donnant cueur et hardement à tous les aultres, en les admonestant de faire bon guet et garde en l'ost, ainsy que par raison on doit faire. Et en toutes les aultres choses estoit bien simple personne, et estoit de belle vie et honesteté. » (T. IV, p. 70.)

(2) *Ex quibus verbis ipsa Johanna incœpit suspirare et flere cum abundantia lacrymarum.* (T. III, p. 108, Pasquerel.)

Tous les témoignages se réunissent pour attester, dans ce prodige, ce que la vertu eut jamais de plus surnaturel et de plus touchant. Les ennemis implacables qui l'ont livrée aux flammes ont essayé de lui ravir cet honneur, et de briser sur son front cette couronne. Mais en vain : les plus haineuses et impudentes enquêtes ne leur ont pas même permis de faire monter une ombre jusqu'à cette innocence, éclatante comme la pureté du jour ; et leur silence, dit un témoin lui-même de l'odieux procès, est assurément le plus éloquent des témoignages.

Mais c'est vous surtout que j'atteste, vous, compagnons de ses glorieux combats, et qui ne la quittiez jamais, ni dans les marches, ni dans les batailles, ni dans les campements de jour et de nuit, vous, duc d'Alençon ; toi surtout, vaillant Dunois ; et vous aussi, vous, son écuyer, vous, son page, et vous encore, braves chevaliers qui fîtes avec elle le voyage de Vaucouleurs à Chinon, parlez, parlez ! Ils l'ont fait, Messieurs, et qu'ont-ils dit ? Ils furent unanimes à déclarer que non seulement Jeanne fut la plus pure des jeunes filles, mais qu'elle leur inspirait à tous la vertu, et que jamais sa vue n'éveilla en eux aucune pensée dont elle eût pu rougir (1) ; ils regardaient cette fille angélique comme un être sacré, et ils allaient jusqu'à dire qu'ils ne croyaient pas que près d'elle fût possible même la pensée du mal (2).

Ce qu'il faut lire sur ce point, Messieurs, c'est la déposition tout entière de Dunois, âgé alors de cinquante

----

(1) *Dicit etiam quod aliquando in exercitu ipse loquens cubuit, cum eadem Johanna et armatis*, à la paillade, *et vidit aliquando quod ipsa Johanna se præparabat : non tamen habuit ipse loquens unquam de ea concupiscentiam carnalem.* (Id., p. 100, Alençon.)

(2) *Et credebant quod non posset concupisci.* (Ibid.)

et un ans. « Il ne croit pas, dit-il avec d'Aulon, qu'une femme puisse être plus chaste que Jeanne d'Arc. » Et il ajoutait ces remarquables paroles, que vous me pardonnerez de redire dans leur franchise militaire, il ajoutait que, quant à lui et à ses compagnons, dès qu'ils se trouvaient dans la société de Jeanne, « ils n'avaient plus que des pensées honnêtes, et ne pensaient ni à elle ni à aucune autre. » Et Dunois disait enfin : « C'était une chose presque divine (1). »

Un autre chevalier, Georges Thibault, va plus loin encore, et atteste que la seule vue de Jeanne, lorsqu'ils venaient à l'apercevoir, arrêtait soudain non seulement tout propos licencieux sur leurs lèvres, mais dans leurs cœurs et jusque dans leurs sens toute impression ou désir peu chaste (2). Ils l'attestent, Messieurs.

J'en atteste à mon tour, non seulement les hommes de guerre, mais les hommes du monde, mais tout homme : oui, l'humain ici touche au divin, *quasi divina res est;* et cet ascendant inouï de la vertu, n'est-ce pas, Messieurs, cette puissance que l'Église appelle la sainteté?

Dunois en garda toute sa vie l'impression ineffaçable, et j'en ai rencontré, il y a quelques jours, une preuve inattendue et frappante.

Allez, Messieurs, visiter à Beaugency ce qui reste du

(1) *Non credit aliquam mulierem plus esse castam quam ipsa Puella erat. Affirmat præterea quod ipse et alii, dum erant in societate ipsius Puellæ, nullam habebant voluntatem seu desiderium habendi societatem mulieris: et videtur ipsi deponenti quod erat res quasi divina.* (T. III, p. 15.)

(2) *Multotiens dum loquebantur de peccato carnis et de aliquibus verbis quæ trahere poterant ad libidinem, dum eam videbant et appropinquabant, non poterant de hoc loqui, imo repente amittebant motum carnis.* (T. III, p. 77.)

château où ce vaillant homme s'était retiré après tant d'agitations et de batailles, où il est mort, et d'où son corps fut porté à Cléry ; il y repose encore ; et votre émotion, Messieurs, égalera la mienne, lorsqu'entrant dans son oratoire, vous lirez ces mots, cette prière, qu'il avait fait écrire en exergue à la voûte de ce sanctuaire, au-dessus de l'autel : *Cor mundum crea in me Deus ! O mon Dieu, créez en moi un cœur pur !* Touchant souvenir, au cœur du vieux guerrier, de la vertu qui, aux jours de sa vaillante jeunesse, lui était apparue dans toute sa beauté, sous les traits d'une sainte héroïne.

Devant une telle vertu, maintenant que les passions d'autrefois sont apaisées, et que Jeanne d'Arc n'apparaît plus que dans la sérénité de l'histoire, je ne m'étonne pas que d'éclatants hommages lui viennent chaque jour de l'Angleterre elle-même, et qu'en dépit du protestantisme anglais, un descendant de ceux qu'elle a vaincus se soit écrié hier : « Un tel personnage est un soutien pour notre foi, une splendeur pour l'âme humaine, et sa place est dans les temples. »

Ce grand et solennel hommage, peut-être un jour la sainte Église romaine le décernera-t-elle à Jeanne d'Arc : ce jour, il m'est permis de dire que je l'attends, et que je l'appelle...

O France, ô ma patrie, mère de Jeanne d'Arc, ce jour-là, de quel diamant incomparable l'Église aura orné ton front !

Et cependant, Messieurs, je ne vous ai pas dit encore ce qui fut le sombre, mais le plus glorieux rayon de la couronne de Jeanne d'Arc.

Il nous reste à considérer la sainte dans la victime et dans la suppliciée.

III.

Il faut donc maintenant le redire : cette jeune fille si pure, cette guerrière si sainte, cette rédemptrice de son roi et de son pays, acclamée par une armée et par tout un peuple, au comble de la gloire humaine, eh bien ! Messieurs, elle a été trahie, vendue, suppliciée, brûlée vive. Dieu l'a permis, l'Angleterre l'a ordonné, la France l'a souffert, et un évêque l'a fait.

Ah ! lorsqu'une première fois j'ai dû vous le raconter, j'en ai poussé des cris, je me suis plaint à Dieu et aux hommes, et mon âme indignée de tant d'outrages faits à l'innocence, au courage et à la vertu, ne savait où se réfugier.

Quel denoûment inattendu, et horrible, d'une si noble destinée ! Ne pouvait-elle donc finir autrement ? Ah ! elle ne rêvait pas la gloire et les délices ; elle ne voulait, sa mission achevée, que retrouver sa mère, son village et ses champs. Mais non, elle ne devait plus les revoir !

Si du moins elle était tombée aux Tourelles, ou dans quelque grand combat, au milieu des guerriers, d'un coup glorieux, dans l'éclat d'un triomphe !

Eh bien ! non, Messieurs, il fallait autre chose ! il le fallait ! *Oportuit !* Élevons nos pensées ; nous entrons ici dans des clartés nouvelles. Il fallait que la sainte fût couronnée dans le supplice ; Dieu réservait à la France pour sa libératrice cette gloire plus haute ; il voulait donner à la fille aînée de l'Église une martyre, portant les stigmates de son Fils... Du reste, c'est la loi. On n'est un Sauveur, une image du Christ, qu'à ce prix. La France n'a jamais rien eu de pareil. Elle avait vu des saintes, des femmes grandes et illustres : rien de pareil à Jeanne d'Arc. Sainte Clotilde meurt dans un douloureux, mais glorieux veuvage, au tombeau de votre grand saint Martin, Monseigneur : sainte Geneviève achève sa longue carrière au milieu des bénédictions des peuples, près de Saint-Denis : Jeanne d'Arc, c'est au milieu des clameurs, des horreurs, des tourments, des blasphêmes, de l'exécration de ceux qu'elle avait vaincus.

Encore un coup, c'est la loi, Messieurs : *Oportuit pati Christum, et ita intrare in gloriam suam !* Divin, mais terrible *oportuit !* Ainsi le Fils de Dieu lui-même devait passer par ce chemin, pour achever le salut du monde et arriver à la consommation de sa gloire (1).

C'est la loi, et pour tous!... Ah! vous avez fait de grandes choses. Mais il y en a une plus grande encore. Avez-vous souffert? Avez-vous été brûlé vif ou à petit feu dans votre œuvre? Si non, eh bien! il vous manque ce rayon suprême que Dieu réserve aux élus des hautes missions, et qui fait resplendir du dernier et sublime éclat leur âme et leur cause. Les ouvriers des grandes rédemptions, c'est leur privilége de marcher à un triomphant supplice, Jésus-Christ à leur tête, la croix en main. Le voilà, ce modèle et ce Roi de tous les suppliciés pour la justice! Il boit le calice de sa passion

(1) *Decebat eum, propter quem omnia, qui multos filios in gloriam adduxerat, auctorem salutis eorum per passionem consummare.* (Ad Hebræos, c. II, v. 10.)

jusqu'à la lie, et puis il le présente à ceux qui l'aiment assez pour le suivre, et pour reproduire en eux quelques traits de cette passion qui a sauvé les hommes : victimes immolées comme lui, et comme lui triomphantes par la fécondité du sacrifice, leur sainteté comme leur gloire se mesure à leur degré de ressemblance avec le divin martyrisé.

Et s'il m'était permis de vous adresser d'ici la parole, à vous, qui êtes sur la terre le Vicaire du Dieu crucifié, ô Saint-Père, je vous dirais : Quand aux grandes victimes des saintes causes Dieu ne demande pas l'effusion du sang, ah ! il leur envoie tant de douleurs, et parmi quelques larmes de joie tant de larmes amères, que ces larmes et ces douleurs valent le sang !

Voilà, Messieurs, dans quelle lumière il faut contempler l'immolation de Jeanne d'Arc. Autrement, l'horreur en serait trop grande. Ce qui éclate ici, c'est que, en nulle autre passion peut-être plus que dans celle de l'héroïque vierge de Domrémy, ne se rencontre cette glorieuse ressemblance avec le Dieu du Calvaire. Elle eut son Judas, un prêtre qui la trahit, un guerrier qui la vendit ; ses Caïphes, des juges abominables, de faux témoins ; un prince indigne, lui donnerai-je le nom de Pilate ? qui l'abandonna ; une espèce d'Hérode qui l'insulta, des soldats brutaux, des valets impudents ; les pharisiens et les scribes abondèrent, et par dessus tout l'oubli, le délaissement universel, l'ingratitude des Français ; et sa croix fut un bûcher.

Du reste, Messieurs, il faut le dire, dans sa mission, elle n'avait pas été un jour sans injures, sans contradiction, sans douleurs. Chaque jour il fallait que cette àme généreuse, ce cœur de dix-sept, de dix-huit ans, s'élevât au-dessus des trahisons, des moqueries, des calomnies, des jalousies. Elle n'avait réellement pour elle que les petites gens et le menu peuple, ou quelque brave chevalier comme Dunois. — Et encore, comment ne vint-il pas frapper avec sa hache d'armes aux portes de Rouen? — Et celle qui avait entendu si souvent retentir sur ses pas l'*hosanna* populaire, devait voir là le bon peuple se taire, comme il se taisait à Jérusalem, comme il se tait partout, dès que les ennemis du Seigneur et de ses saints répètent contre eux leur implacable *Crucifigatur*.

Comme Notre-Seigneur aussi, la pauvre fille annonça plusieurs fois cette fin, dont elle ne pouvait toutefois, dans sa candeur, prévoir les indignités. « Je ne demandais à Dieu, dit-elle, que la délivrance de la France, le salut de mon âme, et d'être reçue en paradis. » Ah! cette prière, du moins, devait être entendue !

Mais une autre fois, chevauchant entre l'archevêque de Reims et Dunois, qui le raconte, et traversant une de vos bonnes populations de Picardie, cher Monseigneur, dont la présence ici nous touche peut-être plus qu'aucune autre : « Ah! s'écria-t-elle, puissé-je être assez heureuse pour finir ici mes jours et être inhumée en cette terre, chez ce bon peuple! » Mais ce vœu ne devait pas être exaucé... Ses cendres allaient être bientôt jetées aux vents et aux flots... et il ne devait rien rester d'elle ici-bas... rien, qu'un peuple sauvé et une impérissable mémoire !

Enfin, tout à coup sainte Marguerite et sainte Catherine lui déclarent qu'elle « sera prise avant la Saint-

Jean par les Anglais (1). « Oh! le coup était cruel! et depuis elles le lui répétaient tous les jours.

Mais Jeanne ne reculait pas et marchait toujours en avant. Elle avait dit au Roi : « Prenez garde! je ne durerai qu'une année! » Et elle dit un jour à son confesseur : « Après ma fin, je ne demande au Roi que de faire dire des messes pour les âmes de ceux qui seront morts pour lui (2). »

Déjà, à Châlons, devant votre cathédrale, Monseigneur, aux gens de Domrémy qui étaient venus pour voir la fille de leur village dans sa gloire, et lui demandaient si elle n'avait pas peur dans les batailles, elle avait répondu : « Non, mes chers amis, je ne crains que les traîtres. »

Enfin, un matin, à Compiègne, ayant fait dire la messe et communié dans l'église Saint-Jacques, que j'ai vue aussi il y a quelques années, elle se retira près d'un pilier de la vieille église, et trouvant là plusieurs gens de la ville et une centaine d'enfants rassemblés pour la voir, elle leur dit : « Mes enfants et chers amis, je vous signifie que l'on m'a vendue et trahie, et que bientôt je serai livrée à la mort. Si vous supplie que vous priiez Dieu pour moi (3). »

J'ai donc nommé Compiègne... Vous savez, Messieurs, comment son bon cœur l'avait fait entrer dans cette

---

(1) *Fuit eidem dictum per suas voces, videlicet sanctarum Catharinæ et Margaretæ quod ipsa caperetur antequam esset festum beati Johannis.* (T. I, p. 115.)

(2) *Johanna pluries sibi dixit quod si contingeret eam vitam finire, quod dominus rex faceret fieri cappellas ad deprecandum altissimum pro salute animarum illorum qui obierant in guerra.* (T. III, p. 112.)

(3) WALLON, t. I, p. 228 ; t. II, p. 272.

funeste ville. « Il faut bien, dit-elle un jour, que j'aille secourir ces braves gens de Compiègne.... » Ils ne le lui rendirent pas... Le pont-levis fut levé derrière elle, et chacun demeurant en sûreté derrière les murs, nul ne bougea.... nul ne bondit, ni de Compiègne, ni de Reims, ni de Châlons, ni d'ailleurs, pour mettre les Anglais et les Bourguignons en pièces, et sauver la libératrice de la France !

Ah !... Messieurs ! la triste nature humaine ! Et le courage, et l'honneur, l'honneur, où sont-ils ?

Elle fut donc prise, vendue par un grand seigneur, achetée et payée par l'or de l'Angleterre ; puis garrottée, enchaînée, livrée aux railleries des soldats, à la vengeance des Anglais, jetée dans un cachot, et menée en Normandie, dans une cage de fer, les chaînes aux pieds et aux mains. Ah ! certes, quand elle se vit ainsi seule, abandonnée de tous, et des chevaliers, et de son roi, et de la France, et livrée sans défense à ses plus cruels ennemis, il lui fut bien permis de dire, comme son modèle : *O Dieu ! que ce calice s'éloigne de moi !...*

Là, dans cette cage, dans ces affreux cachots, dans cette tour de Rouen.... Vous n'étiez pas là, Monseigneur, vous l'eussiez défendue contre toute l'Angleterre ! Quand elle se trouva là, dans cet abandon, dans ces ténèbres, dans cette nuit de son âme, ah ! quelle ne dut pas être le frémissement, le dégoût, l'involontaire effroi, l'agonie de son cœur !... Et quand elle repassait dans son souvenir tout ce passé, ces voix du ciel, cette élection divine, ces batailles, ces victoires, cet Orléans délivré, ce roi sacré, tout ce pays de France sauvé ; et puis, rien, rien autour d'elle, que le silence et l'horreur de la mort! Et quand, de ces amères et navrantes pensées, elle se reportait vers Domrémy, vers sa mère, vers ses champs et ses troupeaux, ô Dieu! n'est-ce pas alors que cette pauvre âme dut être à son tour triste jusqu'à la mort? Et qui l'accuserait de défaillance? N'a-t-il pas été dit de son Maître lui-même : *Cœpit pavere, et tædere! constristari et mœstus esse!* Ah! oui, elle eut bien là aussi son agonie et son jardin des Olives! Mais, comme le Sauveur, elle eut aussi ses anges qui vinrent la réconforter et lui promettre le paradis (1).

Et de cet abattement, voyez-la maintenant, Messieurs, qui se lève. *Surgite, eamus* (2). Elle va devant ses juges, les Caïphes du temps. Ah! l'Angleterre les a bien choisis! tout ce qu'il pouvait y avoir de plus cruel pour Jeanne : des prêtres et des Français! Quel enlacement perfide! quel réseau savamment ourdi de questions captieuses!... Mais de tous ces piéges, comme la victime se dégage, et comme elle les confond tous par ces réponses pleines de bon sens et d'honneur, où éclate son âme tout entière! Je ne connais pas un procès, excepté celui de Notre-Seigneur, où des interrogations plus perfides aient été renversées par des réponses plus péremptoires (3)!

(1) *Capias totum gratanter ; tu venies finaliter in regnum paradisi.* (T. I, p. 155.)

(2) S. Marc, XIV, 22.

(3) *Audivitque ab ore domini tunc abbatis Fiscampnensis quod unus magnus clericus bene defecisset respondere interrogationibus difficillibus sibi factis.* (T. II, p. 358, R. de Grouchet.) *Quibus unus magister in theologia cum difficultate respondisset.* (T. III, p. 64, J. Monnet.) *Non erat ex se sufficiens ad se defendendum contra tantos doctores, nisi fuisset sibi inspiratum.* (T. II, p. 342, Manchon.) *Eidem*

Messieurs, j'avais voulu, dans mon premier discours, détourner mes yeux de ce spectacle, de cette profanation de ce qu'il y a de plus sacré dans les choses humaines, la justice; mais j'avais tort, et je veux y revenir aujourd'hui.

J'y veux revenir, parce que, en face de ces juges vendus, il y a la victime; à côté de la bassesse humaine, l'héroïsme, plus éclatant que sur les champs de bataille; et dans ce martyre, la sainteté, définitivement victorieuse et consommée!

Voyez avec quel art profond sont tendus ces piéges, pour la perdre et pour la torturer, tandis que, dans le même temps, lui étaient livrés, au fond de son cachot, d'autres assauts encore plus odieux.

« Êtes-vous en état de grâce? » Qu'elle réponde oui ou non, elle se perd également; on retournera contre elle toute réponse. Mais écoutez:

« Si je n'y suis, Dieu veuille m'y mettre; et si j'y suis, Dieu veuille m'y garder (1)! »

D'un mot elle brise le piége!

« Quand vous vous confessiez, étiez-vous en péché mortel?

« — Je ne sais si j'ai été en péché mortel; je ne crois pas en avoir fait œuvre, et Dieu me garde de faire ou d'avoir jamais fait œuvre qui charge mon âme (2). »

Johannæ audivit dici, loquendo eidem loquenti et notariis, quod non bene scriberent, et multoties faciebat corrigere. (T. III, Jean Monnet.)

(1) *Si ego non sim, Deus ponat me; et si ego sim, Deus me teneat in illá, et dixit quod esset multum dolens, si sciret se non esse in gratiá Dei...* (T. I, p. 65.)

(2) *Utrum ne credat esse aliquando in peccati mortali, quando con-*

Et plus le piége théologique qu'on lui tend ici va se resserrer autour d'elle, plus le bon sens et la sain-tété vont éclater à la fois dans ses réponses.

« Qui aidait le plus, vous à l'étendard, ou l'étendard à vous?

« — De la victoire de l'étendard ou de moi, c'était tout à Notre-Seigneur.

« — Mais l'espérance d'avoir victoire était-elle fondée en votre étendard ou en vous?

« — Elle était fondée en Notre-Seigneur, et non ailleurs (1). »

Le piége se resserre encore, et l'enlace de plus en plus : la jeune sainte échappe toujours.

« Ne savez-vous point que sainte Catherine et sainte Marguerite haïssent les Anglais?

« — Elles aiment ce que Notre-Seigneur aime, et haïssent ce que Dieu hait.

« — Dieu hait-il les Anglais?

« — De l'amour ou de la haine que Dieu a aux An-glais, je ne sais rien; mais je sais bien qu'ils seront boutés hors de France, excepté ceux qui y mourront, et que Dieu enverra victoire aux Français contre les Anglais (2). »

fitetur, respondit quod nescit si fuerit; nec credit se fecisse opera pec-cati mortalis; et non placeat, inquit, Deo, quod ego unquam fecerim, per quæ anima mea, sit onerata. (T. I, p. 65.)

(1) An ipsa plus juvaret vexillum, quam vexillum juvaret illam? Respondit quod de victoriá ipsius Johannis vel vexilli, totum erat in Domino. — Utrum spem habendi victoriam fundabatur in vexillo, vel in ipsamet Johanná, respondit quod hoc fundatur in Domino, et non in alio. (T. I, p. 182.)

(2) Utrum ipsa sciat quod sanctæ Catharina et Margareta odiant Anglicos : respondit quod ipsæ amant quod Deus amat, et odiunt quod

Toujours l'éclat de l'accent français et de l'accent chrétien : la même intrépidité devant ses juges que devant les bastilles anglaises, et l'affirmation constante et invincible des grands desseins de Dieu sur la France.

Cette constance lui coûtera la vie ; elle le sait : n'importe !

« Je sais bien que ces Anglais me feront mourir, croyant après ma mort gagner le royaume de France ; mais quand ils seraient cent mille *Goddem* plus qu'ils ne sont à présent, ils n'auront pas le royaume. »

Le comte de Stafford, indigné, tirait sa dague pour la frapper ; Warwick le retint : il voulait le bûcher.

Mais la plus horrible torture morale infligée à la pauvre captive, le chef-d'œuvre de la perfidie de ces effroyables juges, le voici, Messieurs. Ce n'est pas assez que la France l'abandonne et que des hommes d'Église la jugent : ce qu'elle respecte le plus au monde ! Voilà qu'à cette conviction invincible de sa mission qui éclate en toutes ses réponses et qui fait sa force, on veut opposer cette nécessaire soumission du vrai fidèle à l'Église, et sa foi de chrétienne. « L'Église, disaient-ils, c'est nous. Vous refusez donc de croire à l'Église, d'obéir à l'Église. » Et ils y revinrent sans cesse, déchirant à plaisir cette âme simple, et la brisant de douleur dans ces luttes morales.

De ses efforts pour se déprendre de ces ambages que d'abord elle ne démêlait pas, elle fut malade, Messieurs,

Deus odit. — Interrogata si Deus odiat Anglicos, respondit quod de amore vel odio quem Deus habet ad Anglicos, nihil sit ; sed bene scit quod expellentur a Franciâ, exceptis illis qui morientur ; et quod Deus mittet victoriam Gallicis contra Anglicos. (T. 1, p. 258.)

jusqu'à être en péril de mort. Mais elle ne trahit rien, ni sa mission, ni sa foi.

« Menez-moi au Pape, dit-elle, et je lui répondrai. Je tiens et je crois que nous devons obéir à notre seigneur le Pape qui est à Rome (1). »

L'évêque défendit d'écrire cette réponse :

« Ah! reprit-elle, vous écrivez bien ce qui est contre moi; mais vous ne voulez pas écrire ce qui est pour moi. »

Contre de tels juges, il ne restait à Jeanne qu'un refuge, Dieu, cette justice suprême, qui réparera un jour toutes les iniquités de la terre :

« Oh! j'en appelle devant Dieu, dit-elle, le grand juge, des grands torts et ingravances qu'on me fait (2). »

Et comme elle se plaignait ainsi, survint l'évêque. A sa vue, elle s'écria :

« Évêque, je meurs par vous (3)! » Puis elle ajouta avec compassion : « Vous dites que vous êtes mon juge; je ne sais si vous l'êtes, mais avisez bien que vous ne jugiez mal, car vous vous mettriez en grand danger; et je vous en avertis, afin que, si Notre-Seigneur vous en châtie, j'aie fait mon devoir de vous le dire (4). »

(1) *Ipsa requirit quod ducatur ante ipsum dominum nostrum Papam, et postea respondebit totum illud quod debebit respondere.* (T. I, p. 184.) — *Tenet et credit quod debemus obedire domino nostro Papæ in Româ existenti... Quantum est de ipsâ, credit in dominum Papam qui est Romæ.* (T. I, p. 83.)

(2) *Ibid.*, p. 4, le même témoin.

(3) *Ibid.*, le même témoin.

(4) *Vos dicitis quid meus judex estis; ego nescio si vos estis; sed advisatis bene quod non male judicetis, quia poneretis vos in magno periculo. Et ego adverto vos ad finem quod, si Deus vos inde castiget, ego facio debitum meum de dicendo vobis.* (T. I, p. 154.)

Ne vous semble-t-il pas entendre ici, Messieurs, comme un écho des paroles du divin accusé, ajournant ses juges d'un moment à l'infaillible jugement du dernier jour ?

Mais qui donc la soutenait dans les affreux labeurs de ces interrogatoires et dans les désolations de la captivité? Ah ! Messieurs, ce qui l'avait toujours soutenue, la prière et l'Eucharistie, ces deux foyers inextinguibles de la vertu chrétienne. Dans ces longues heures de solitude et d'abandon où le cri du Sauveur sur la croix pouvait bien aussi sortir de ses lèvres : « Mon Dieu ! mon Dieu, pourquoi m'avez-vous abandonné ? » elle prie, Messieurs, elle se recommande sans cesse à Dieu ; sans cesse elle demande la divine Eucharistie. La veille de son supplice encore, elle communia ; on n'osa pas lui refuser la consolation de cette dernière cène, et elle reçut son Sauveur « avec une telle dévotion et une telle abondance de larmes, dit celui même qui la communia, que je renonce à le décrire (1). »

Et voyons-la maintenant, Messieurs, sortant du prétoire et marchant à son calvaire. C'est là surtout que son âme éclate en des accents incomparables : ce n'est plus seulement une héroïne, c'est une sainte. Recueillons, Messieurs, avec respect ces cris suprêmes.

Huit cents hommes d'armes l'entourent et l'entraînent, « portant glaives et bâtons (2) ; » un peuple im-

____

(1) *Quod devotissime et cum lacrymis uberrimis sic quod nesciret narrare, suscepit.* (Témoignage du religieux qui la communia et l'assista à son bûcher, t. II, p. 308.)

(2) « Et y avoit le nombre de sept à huit cents hommes de guerre autour d'elle, portant glaives et bastons. » (T. II, p. 14, Manchon.)

mense était là, comme toujours, demandant son spectacle! *Populus spectans* (1), et on voyait les scribes et les pharisiens branler la tête, comme naguères au pied de la croix : Elle qui a délivré les autres, qu'elle se sauve donc elle-même!

Pour Jeanne, en apercevant le bûcher, elle fait entendre le cri de compassion du Sauveur sur Jérusalem : « Rouen! Rouen! seras-tu donc ma dernière demeure? J'ai grand peur que tu n'aies à souffrir de ma mort, et qu'il ne t'en arrive malheur (2)! » Le peuple, entendant ces paroles, pleura.

Puis, attachée au bûcher, elle pousse le cri du pardon, qui fut le premier cri de la croix, « elle leur pardonne tout le mal qu'ils lui ont fait, et leur demande à tous de prier pour elle (3), » puis elle proclame avec une nouvelle énergie sa mission divine, et que tout ce qu'elle avait fait elle l'avait fait par la volonté de Dieu (4). Et voyant la flamme monter, elle demande une croix. Un pauvre soldat anglais en fait une avec deux morceaux de bois; elle la pose sous ses vêtements, sur son cœur.

Pendant ce temps, son confesseur court à l'église voisine chercher un crucifix, et le lui présente. Elle l'embrasse avec ardeur. Ses regards, ses lèvres et son cœur

(1) S. Luc, xxiii, 35.

(2) T. III, p. 53, déposition de Guillaume de Camera.

(3) « Requérant... mercy très-humblement... qu'ils voulsissent prier pour elle, en leur pardonnant le mal qu'ils lui avoient fait. » (T. II, p. 19, Massieu.)

(4) *Semper usque ad finem vitæ suæ manutenuit et asseruit quod voces quas habuerat erant a Deo, et quod quidquid fecerat, ex præcepto Dei fecerat, nec credebat per easdem voces fuisse deceptam; et quod revelationes quas habuerat, ex Deo erant.* (T. III, p. 170.)

ne s'en détachaient pas (1). A ce moment, les flammes s'approchant : « Retirez-vous, dit-elle au bon prêtre qui était sur le bûcher près d'elle, et tenez le crucifix bien haut, pour que je le voie toujours (2). »

Puis elle conjura à haute voix tous les prêtres présents de lui donner une messe après sa mort (3).

Et enfin elle pousse son dernier cri, celui de la filiale confiance au Calvaire : Mon Père, je remets mon âme entre vos mains. « Jésus, Jésus, Jésus (4)! » rendant ainsi son âme à celui à qui elle l'avait vouée dans son virginal amour... Puis on la vit pencher sa tête expirante. Tout était consommé.

Mais voilà qu'aussitôt après, au pied de son bûcher, des cris inattendus retentissent : c'est le cri de la conscience populaire qui éclate comme au pied de la croix. Les juges et les bourreaux se dispersent, et le peuple les poursuivait de ses clameurs vengeresses (5) : comme autrefois ceux qui descendaient du Calvaire, un offi-

---

(1) « A grande dévocion demanda à avoir la croix; et ce voyant un Anglois qui estoit là présent en feit une petite du bout d'un baston qu'il lui bailla... et mit icelle croix en son sein entre sa chair et son vestement. Et oultre demanda humblement à cellui qui parle qu'il lui feist avoir la croix de l'église, afin que continuellement elle la puist voir jusques à la mort. Et cellui qui parle feit tant que le clerc de la paroisse de Sainct-Sauveur lui apporta. » (T. II, p. 20, Massieu.)

(2) *Dum ipsa Johanna percepit ignem, ipsa dixit loquenti quod descenderet, et quod levaret crucem Domini alte, ut eam videre posset. Quod et fecit.* (T. III, p. 167.)

(3) *Ut unusquisque corum daret sibi unam missam.* (T. II, p. 369.)

(4) « En trespassant cria à haute voix : Jhésus! »

(5) *Magnam notam a popularibus incurrerunt; nam postquam ipsa Johanna fuit igne cremata, populares ostendebant illos qui interfuerant et abhorrebant.* (T. III, p. 165.)

cier du roi d'Angleterre, s'en retournant, s'écrie :
« Nous sommes tous perdus ! nous avons brûlé une
sainte (1) ! » Celui qui avait allumé la flamme du
bûcher, consterné, court se confesser au confesseur
même de Jeanne, s'écriant : « Je suis damné ! j'ai brûlé
une sainte (2) ! » L'un des juges s'écrie en gémis-
sant : « Plût à Dieu que mon âme fût où je crois qu'est
l'âme de cette femme (3) ! » Un Anglais, qui avait ap-
porté une fascine au bûcher pour en attiser la flamme,
l'entendant crier : Jésus !... recula d'épouvante et attesta
avoir vu s'envoler du bûcher une colombe (4).

Et, en effet, la pure et fière colombe, un moment
captive, mais libre enfin, et ses liens brisés par la
flamme, sans qu'on ait pu la blesser au cœur, s'en-
volait dans les joies éternelles, et dès ce jour son image
devait planer pour jamais, comme l'image même de la
vertu et de l'honneur, sur la France sauvée.

Elle meurt, mais elle triomphe ; son dernier regard
avait vu pleurer les Anglais et ses juges ; et son dernier cri : Jésus ! Jésus ! Jésus ! cet appel, au nom de
l'éternelle justice, à l'éternel amour, les avait tous fait se

(1) *Nos sumus omnes perditi, quia una sancta persona fuit com-
busta.* (T. III, p. 182, J. Tressart.)

(2) *Quod valde timebat quin isset damnatus, quia combusserat unam
sanctam mulierem.* (T. II, p. 352.)

(3) *Vellem quod anima mea esset ubi esset ubi credo animam istius
mulieris esse.*

(4) *Quidam Anglicus, qui eam mirabiliter odierat, et qui juraverat
quòd fasciculum propriâ manu poneret in crematione dictæ Johannæ,
cum hoc fecisset et audivisset ipsam nomen Jesu acclamantem, factus
est totus attonitus, et quasi in extasi... Viderat ipse Anglicus, in emis-
sione spiritûs dictæ Johannæ, quamdam columbam albam exeuntem de
Franciâ.*

disperser glacés d'effroi ; et sa parole prophétique s'éle-
vant au-dessus des flammes les poursuivit de ville en
ville, d'année en année, jusqu'à ce que tout fût accompli,
qu'il ne restât plus sur le sol de la France un Anglais,
ni un seul des grands coupables que leur crime vouait
aux coups de la Providence (1).

Elle avait dit à ses juges : « Prenez garde de mal
juger et de vous mettre en grand péril. Je vous donne
cet avis, afin que, si vous êtes punis de Dieu, on s'en
souvienne. » Chargés toute leur vie de la haine des
peuples, ils moururent misérablement. Son Judas, celui
qu'elle avait fait l'homme de sa confiance, et qui la
trahit, se repent comme Judas ; mais il est bafoué par
les grands seigneurs anglais, comme Judas par les
princes des prêtres, et il meurt à Bâle, misérablement,
comme Judas. L'évêque mourut frappé d'une subite
apoplexie. Le dur promoteur dans ce procès infâme fut
trouvé mort aux portes de Rouen, dans un égoût. Et le
lâche prédicateur fut frappé de la lèpre quelques jours
après.

Elle avait dit aux Anglais: « Avant sept ans, vous per-
drez un plus grand gage qu'Orléans (2). » Et six ans
après, en 1436, Paris tombait aux mains de Charles VII.

(1) « Elle fut par aucuns interroguée de sa puissance se elle dure-
roit guères, et se les Anglois avoient puissance de la faire mourir. Elle
respondit que tout estoit au plaisir de Dieu ; et si certifia que, s'il luy
convenoit mourir avant que ce pour quoy Dieu l'avoit envoyée fust ac-
comply, que après sa mort elle nuyroit plus aux-dits Angloys qu'elle
n'auroit fait en sa vie, et que non obstant sa mort, tout ce pour quoy
elle estoit venue se accompliroit : ainsi que a esté fait par grâce de
Dieu. » (T. IV, p. 311.)

(2) *Dixit quod ante septennium Anglici dimittent majus pignus,*

Elle leur avait dit encore : « Le Roi entrera à Paris en bonne compagnie (1). » Et en 1437, le Roi y faisait une entrée triomphante au son des trompettes, et à la tête de ses chevaliers.

Enfin, elle leur avait dit qu'ils seraient tous boutés hors de France, et que fussent-ils cent mille, il n'en resterait pas un (2). Et en 1558, la bannière de France flottait sur les murs de Calais, et les Anglais ne devaient plus jamais posséder un pouce de la terre française !

J'ai fini, Messieurs.

Je vous vois étonnés, émus, et cependant je n'ai fait que bégayer, naguère sur la gloire de Jeanne d'Arc, aujourd'hui sur l'héroïsme de ses vertus.

La parole est impuissante devant cette figure unique, incomparable, à laquelle rien ne ressemble, ni dans l'histoire, ni dans la poésie, et dont la beauté surpasse l'idéal même.

J'affirme qu'on ne peut s'en approcher, et lire, comme je viens de le faire, les pages de cette histoire, dans ces deux procès, où elle apparaît toute vivante encore, et, j'oserai le dire, étincelante, sans avoir la conviction irré-

quam fecerint ante villam Aurelianensem... et quod præmissa evenient ante septennium. (T. I, p. 252.)

(1) Lettre de Jeanne d'Arc aux chefs anglais.

(2) Et quod totum perdent in Franciá. Et hæc scit per revelationem sibi factam; gallice dicendo: « Je le sçay aussi bien comme vous êtes ici. » (Ibid.)

sistible qu'on est là devant une sainte héroïque, devant une envoyée de Dieu.

On y éprouve aussi une impression étrange : on se sent transporté comme dans une atmosphère inconnue, où mille éclairs, tour à tour d'une douceur et d'une terreur sublime, traversent l'âme, et on s'écrie, dans un saisissement religieux : C'est une sainte! Dieu était là!

Ou plutôt, on découvre ici un plan supérieur et divin.

Dans un premier horizon, triste, abaissé, désolé, on voit, hélas! les iniquités et les malheurs d'une grande nation. Tout y est sombre, désespéré, chargé de nuages épais. L'étranger domine, et nous foule aux pieds; ses hommes d'armes, durs, avides, envoyés pour le châtiment, passent et repassent, promenant partout le ravage; mais, trop indignes vengeurs de la justice, et ne sachant punir les crimes que par d'autres crimes, il ne pouvait leur être donné de changer les destinées de cette grande race française, que Dieu, depuis Clovis, Charlemagne et saint Louis, avait élue pour de si grandes choses.

Alors, dans un horizon plus élevé, sur un fond d'une sérénité divine, apparaît une vision céleste : c'est une jeune fille, pure comme une sainte, intrépide comme l'archange, simple et sublime, modeste et ardente; c'est une guerrière, qui, de son regard et de son épée, disperse et chasse devant elle les bataillons de l'étranger, et entraîne sur ses pas tous les cœurs dévoués encore à la cause sacrée de la patrie.

Prédestinée de Dieu, et admirablement fidèle à son élection, elle concentre dans son cœur, comme dans un pur foyer, toutes les angoisses, tous les espoirs, toutes

les vertus, tout l'héroïsme français ; elle rend du cœur
à tout un peuple abattu, console la grande pitié qui
était au royaume de France ; et puis, tout à coup, trahie,
délaissée, elle disparaît dans les flammes d'un bûcher.

Mais, la victime à peine recueillie dans les cieux, et
la flamme du bûcher éteinte, la lumière brille de nouveau au ciel de la France, l'œuvre de Dieu s'achève, la
délivrance se consomme ; et, purifiée dans ce baptême
de sang et de feu, rachetée par ce grand holocauste, la
fille aînée de l'Église reprend ses destinées providen-
tielles, et la France, à travers les temps les plus orageux,
ne cesse plus d'être le soldat de Dieu, comme dit Sha-
kespeare, et, à l'heure qu'il est encore, dans cette Eu-
rope si incertaine et si agitée, c'est le drapeau de la
France, c'est son épée, qui garde à Rome le tombeau
des saints Apôtres.

O Jeanne, ô sainte enfant, sainte guerrière, sainte
martyre, c'est à vous que nous le devons !

Il y a eu depuis d'autres crimes, d'autres malheurs,
d'autres victimes. Qu'en arrivera-t-il un jour ? L'expia-
tion est-elle achevée ? c'est le secret du ciel. Puisse du
moins ma patrie, toujours fidèle à la foi de Jeanne
d'Arc, mériter à jamais le regard et les bénédictions
de Dieu !

O Jeanne, j'ai tout dit.

Puisse ce dernier discours, ces derniers accents d'un
cœur qui fut épris de votre gloire et de vos vertus, être
entre votre âme et la mienne un lien éternel ! Puissé-je,
après ma course qui s'achève, redire avec confiance le

nom de celui que vous avez invoqué à votre dernière heure avec tant d'amour, et, reçu à mon tour dans ce paradis, seule récompense que vous ayez souhaitée, vous voir au milieu des vierges et des martyrs marcher, radieuse, sur les pas de l'Agneau qui fut, par vous et pour la France, le Lion vainqueur de la tribu de Juda. *Amen!*

www.ingramcontent.com/pod-product-compliance
Lightning Source LLC
Chambersburg PA
CBHW061801050726
47598CB00002B/823